특별한 일이 일어나지 않아도,
우리가 살아가는 매일의 순간은 생명력이 있기에 창조적이다.
특별한 누구도 없이, 생명력을 가진 모든 이들은 창조의 작품이 된다.

최혜지

모두의 삶이 차별 없이 작품이 될 방법을 찾아 이것저것
다 해보는 사람.

몇 년 전부터 모두에게 동일하게 주어진 것들에 주목하며
혼자만의 실험을 하고 있다. 죽음, 하루의 시간, 예측 불가
능한 내일, 그리고 생명이다. 최근에는 생명력을 색으로
표현하여 경계를 넘나들며 작업하는 일에 꽂혀있다.
홍익대학교 회화과 석사과정에 있다.

인스타그램   @enoshbook

ⓒ 최혜지

이 책은 저작권법에 의해 보호받는 저작물이므로 무단전재와 복제를
금합니다. 이 책의 일부 또는 전부를 이용하려면 저작권자와 출판사
에노스의 서면동의를 얻어야 합니다.

정제되지 않은 생기로움

인도색필터

색 수집 최혜지

어쩌다 보니 쿠알라룸푸르까지 왔다. 20시간을 돌아 델리에 도착하는 일정의 첫 환승지다. 멀쩡한 직항 티켓을 날리고 20시간 걸려 아시아를 가는 말도 안 되는 짓을 지금 내가 하고 있다. 멍하니 있다 보면 기가 차서 웃음이 난다.

이게 다 마음 탓이다. 북인도를 가려다가 남인도가 가고 싶어졌고 아무리 그래도 수도가 있는 북인도를 가야 할 것 같다며 변덕을 부려댄 마음 탓이다.

아니다. 다 손가락 탓이다. 마음이 하는 일을 손가락이 나댄다고 티켓을 찾아내서는 그대로 결제 버튼까지 눌러버려서 그렇다.

그리고 이건 또 누구 탓인지 잡히면 가만 안 두고 싶은데, 다음 환승지인 첸나이 공항에 누가 함정을 파놓았다. 델리로 가는 비행기 환승 시간을 너무 짧게 잡아놔서 도착 비자를 받을 틈이 없다. 어쩌면 비행기를 놓칠 수도 있다. 인도 피플들이 어디 그렇게 도착 비자를 척척 찍어 한국처럼 일 처리를 해주겠는가. 분명히 여유로운 시간대의 다음 비행기가 있었던 것 같은데…. 이해할 수가 없다. 음모가 있는 것 같다. 누가 나를 조종해서 굴리고 있는 것 같다.

그 놈이 분명 이번 여행을 인도로 가라고 했을 것이다. 그 놈만 잡으면 내 인생이 조금 편해질 텐데. 그 많은 곳 중에 하필이면 인도를 가고 있냔 말이다.

인도색필터

갠지스 강가, 그날 오후 네시, Varanasi. India.

사람들이 하루를 살아가기 위해 동서남북으로 바쁘게 움직이는 모습에 색이 입혀진다면.

 정신없는 소리와 코를 자극하는 냄새에 모두 색이 입혀진다면.

 이방인은 이해할 수 없는 그들의 이야기에 색이 입혀진다면.

인도는 내가 경험한 어떤 나라보다 색이 선명하고 짙다.

"인도는 어땠어?"
"인도에서 볼 수 있는 것들은 인도에만 있어."

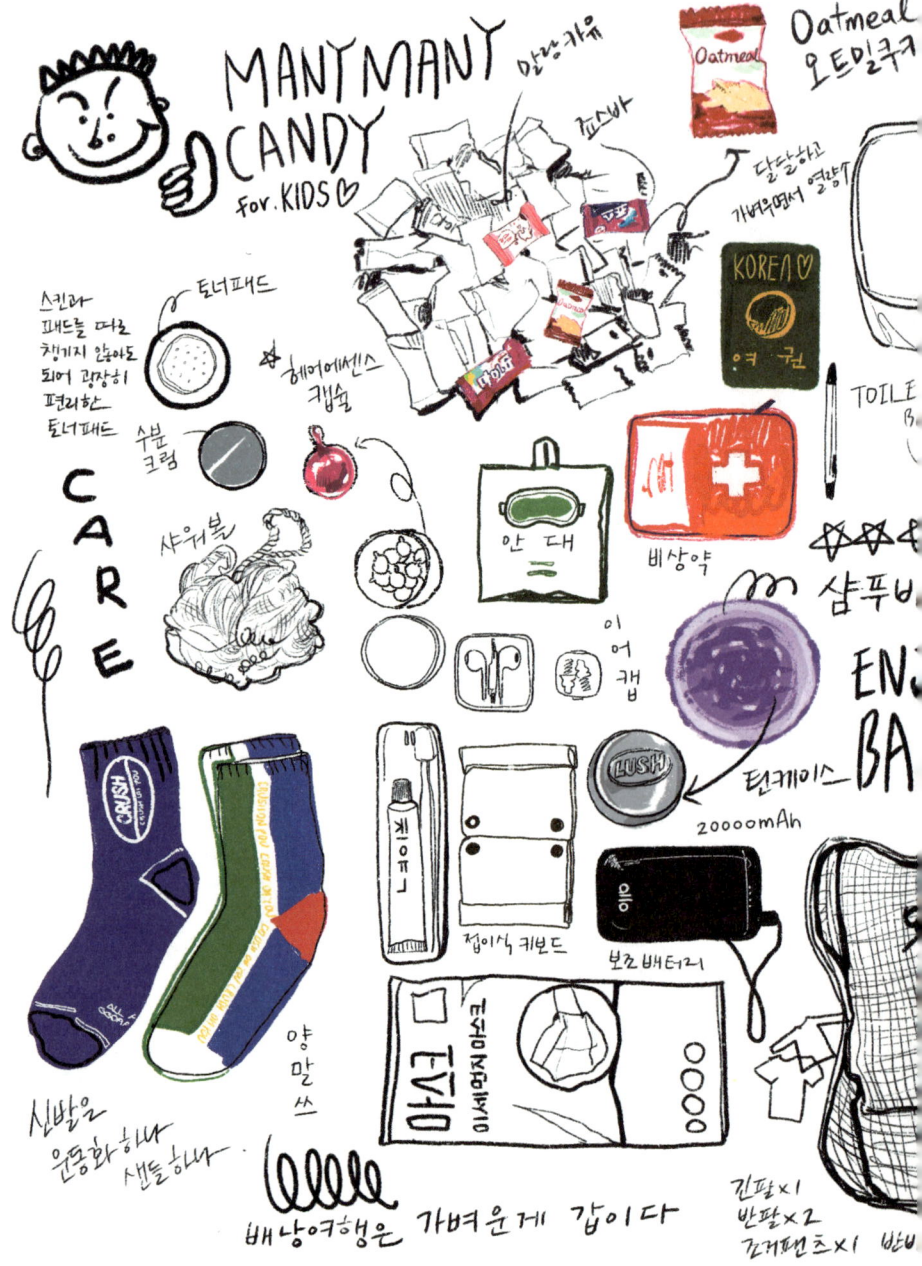

최소한의 필요한 짐만 챙겨 떠나는 것은 정말 이상한 매력이 있다. 배낭철학.

배낭을 메고 떠나는 것은 최대한의 삶에서 최소한의 삶을 연습해볼 가장 비유적인 일이다. 그동안 꼭 필요하다고 생각해 하나씩 불려가던 물건들이 차곡차곡 한 곳에 모여 내 어깨를 물리적으로 짓누르는 것, 그것이 배낭을 메는 일이다. 그 무게를 짊어지고 걸어간 좋은 길이 기억나지 않고, 새로운 공기를 느낄 내일의 이동이 두려움으로 다가온다면 자연스레 좋은 여행을 위해 잘 싼 배낭은 가벼운 배낭이라는 것을 깨닫게 된다.

그럼에도 불구하고 가벼운 배낭을 싸는 것은 얼마나 어려운지, 나처럼 물건에 정을 주고 이름을 지어주는 도라이들은 정서적으로 이별의 시간을 겪는 일이기도 하다. 나와 함께 내 일상의 습관과 고집이 되었던 물건들을 바라보며 "네가 없어도 나는 살 수 있을 거야. 두고 봐, 증명해 보일 테니까."라고 차가운 심장으로 일상을 환기하는 일은 여행이

달팽이.
번데기.
소라게.

주는 부록이기도 하지만, 그렇다고 해서 나의 지난 관계를 다 털고 무조건 가벼워진 배낭이 대단히 잘 싼 배낭이라고도 생각하지 않는다. 그건 그냥 잘 싼 배낭이다. 대단하게 잘 싼 배낭도 있다.

  새로운 곳에서도 내가 담긴 일상을 이어갈 수 있을 만큼의 짐을 담으면서, 그 일상을 방해하지 않을 만큼 가벼운 배낭이 그렇다.

  배낭여행이 주는 이상한 매력은 아주 낯선 곳에서도 '내가' 꽤 '잘' 살고 있다는 것을 느낀 순간들 속에서 만들어진다. 어떤 환경에서도 이 배낭 하나가 나의 완벽한 집이 될 수 있다는 경험은, 소유에 대한 집착으로 주입된 기존 사회의 안정감에서 벗어날 새로운 감각을 길러준다.

  나는 언제 어디서든 그곳에서 구할 수 있는 재료들을 활용해 내 입맛에 꼭 맞는 한 끼의 식사를 만들어 냈을 때 내가 '잘' 살고 있다는 생각이 든다. 그래서 그 한 끼를 포기하지 않을 적절한 재료들을 챙긴다. 또한, 거지꼴을 하고 있어도 멋스러워야 할 그 '멋'을 절대 포기할 수 없으며, 무엇보다 그리고, 읽고, 쓰는 일은 내게 중요한 일상이기에 가장 먼저 챙겨져야 할 생필품이다.

  나를 잃어버리지 않을 만큼 적절하고도 가벼운 배낭을 싸기 위해 꼭 필요한 것들을 골라낸 뒤 나머지는 줄이고 또 줄이는 일. 그리고 딱 그만큼의 무게를 지고 집을 나서는 일은 정말로 매력적인 일이다.

무슨 색이 이렇게
고민이 없어.
사람들은 또 왜 이렇게
많아.
더럽고 불편하고
냄새는 또 왜 이렇게
강해.
어떻게 모든 것들이 이렇게
다들,

정신없고
선명하게
다채로와.

뭔가 고민하고 우물쭈물하다
멈춰있을 틈이 없잖아.

무지개 위 사람들, Varanasi, India.

델리에 도착해 짐을 풀었다. 태국의 카오산 로드처럼, 여행자들이 모이는 빠하르간지에 유심을 구매하러 나갈 채비를 했다. 미니 잠금장치가 있는 바디백에 여권과 지갑 정도만 가볍게 넣어 둘러메고 눈을 가릴 만큼 모자를 눌러썼다. 조거 팬츠 주머니에 두 손을 찔러 넣었고 마스크를 쓸까 하다 그냥 껌을 질겅이며 밖으로 나왔다. 호텔 로비 앞 벨보이의 인사를 받으며 이 호텔에서의 숙박이 이번 인도 여행의 처음이자 마지막일 거라고 다짐했다. 인도를 여행하면서까지 호텔에 묵고 싶지는 않으니까. 첫 날 호텔은 최소한의 안전을 위해 델리 공항에서 픽업을 받기 위해서였다. 그리고 두 번째 안전장치였던 이틀짜리 데이터 로밍이 끝나기 전에 유심을 교체하기 위해 막 시내로 들어섰다.

거리에 가득 찬 흙먼지와 매연에 얼른 마스크를 꺼내 썼다. 한국의 미세먼지가 그리울 만큼의 뿌연 세상 속에서 움직이는 온갖 것들이 뒤엉켜 나타났다. 사람과 개와 릭샤와 자전거, 자동차와 트럭이, 차도와 인도의 경계 없이 동서남북에서 튀어나왔다. 똑바로 걷기가 힘들 정도로 부서져 내린 보도블럭 위에는 벌여만 놓은 벽돌과 흙더미의 공사 잔해가 있었고 아이들은 그 위를 놀이터 삼아 뛰어다녔다.

중남미에서 가장 가난하다는 니카라과에 두 달 정도 살았었다. 니카라과에 처음 도착했을 때 첫인상으로 다가왔던 것들도 이와 비슷했다. 매연과 쓰레기, 반쯤 허물어진 건물, 차와도 피하지 않는 사람들…. 나는 그때 눈 앞에 펼쳐진 것들을 바라보며 사람들이 많이 다치겠구나 생각했었다. 그런데 인도는 니카라과와 지금까지 여행한 모든 나라를 비교해 보아도 압도적이었다. 안전한 거리를 확보하기에 인도는 모든 것들이 너무너무 많았다.

  인도다웠다. 내가 상상한 카오스스러운 인도보다 더 인도다웠다. 더군다나 온갖 냄새가 뒤섞여 마스크를 비집고 들어오는 중에도 달큰한 생강 향이 섞여 있는 것을 보니, 짜이를 마실 수 있는 인도다운 인도에 온 것이 확실한 것 같았다.

온갖 움직이는 것들을 헤치고 동갑내기 인도인 친구가 운영하는 여행사에 도착했다. 유심 개통과 환전을 모두 하고 가려고 여권과 달러를 꺼내고 기다리니, 곧 이 친구가 유심의 가격와 환율을 설명하기 시작했다. 자신은 원가에 가까운 가격으로 유심을 판매하고 있다고 해서 그러지 않아도 된다고 했다. 내가 그렇게 말했는데도 그 친구는, 환전 역시 자신은 수수료를 아예 받지 않으며 심지어 실시간 환율에서 덤을 주겠다고 했다. 그 순간, 혹시 가짜 돈은 아닐까 의심한 내가 미웠다.

나는 진심으로 그에게 굳이 그러지 않아도 된다고 했다. 한국 여행자들이 이곳에 많이 찾아오는 이유를 알 것 같았다. 인도에서 이러고 있자니 지금 내가 콩트를 하는 건가 하는 생각이 들었다.

"아, 왜 이렇게 많이 깎아주냐고?!" "내가 한국 사람들 좋아해서 그러는 거라니깐?" "우리가 그렇게 가혹한 사람들이 아니라고! 그렇게 안 해도 이미 널 좋아해!".

유심 구입과 환전을 모두 마치고 맛있는 짜이 한 잔을 얻어먹었다. 그리고 수수료를 대신할 지폐 몇 장을 꺼내 모르게 테이블에 올려두고 그곳을 나왔다.

좁은 골목을 걸어 나오며 달달한 짜이 맛이 묻어나는 입술을 핥았다. 그리고 가만히 혼자 고개를 끄덕였다. 인도는 정말 넓고 다양한 사람들이 살고 있다는 것을 알 것 같았다.

유심도 개통했겠다 세상 두려울 게 없어지니 가는 길엔 걸음이 더 건들건들해졌다. 역시 주머니에 손을 찔러 넣고 인상을 팍 쓰며 골목마다 비즈니스가 있는 일수꾼처럼 걸었다. 그렇게 걸으면 괜히 용감해지는 기분이 들었다. 그런데 진짜로 호객과 사기의 천국인 빠하르간지 한복판을 그렇게 누비는데 아무도 내게 말을 걸지 않았고, 심지어 눈이 마주치면 상대가 먼저 피하는 것 같은 묘한 느낌마저 들었다. 상점의 사람들뿐만이 아니라 릭샤 기사들도 그랬다. 지나갈 때마다 "택시" "택시" 귀가 따가울 정도로 부르는 것이 보통일 텐데 아무도 말을 걸지 않았다. 나에게 똥냄새가 나는 것이 아니라면 이 건들거림과 그에 맞는 복장이 조금은 효과가 있는 건가. 내가 안 보이는 건 아닐 테고, 아니면 이것도 콩트인가? 희한했다. 인도의 다른 곳도 아닌 바로 이 수도 뉴델리에서, 그것도 빠하르 간지가 나를 너무 관망하고 있는 것 같아서 정말 이상했다.

…라는 생각은 딱 5분 유효했다. 역시 그럴리가 없었다.

인도는,
드라이기 바람에서도

인도 냄새가 난다.

아래의 사진중 다음의 색들로 이뤄진 물건은 어디에 있을까요?

이거 나만 느끼는 건지 모르겠는데,
　난 분명히 들었다. 오늘도 몇 번이나 들었다.
　순간적으로 귓가에 '확' 들려와서 길을 걷다 멈춘 적도 있다.
　유독 아저씨들이 그러는 것 같다.

　인도 아저씨들이 자꾸 한국말을 한다.

"과하게 잘 해"
"누가 말할래?"

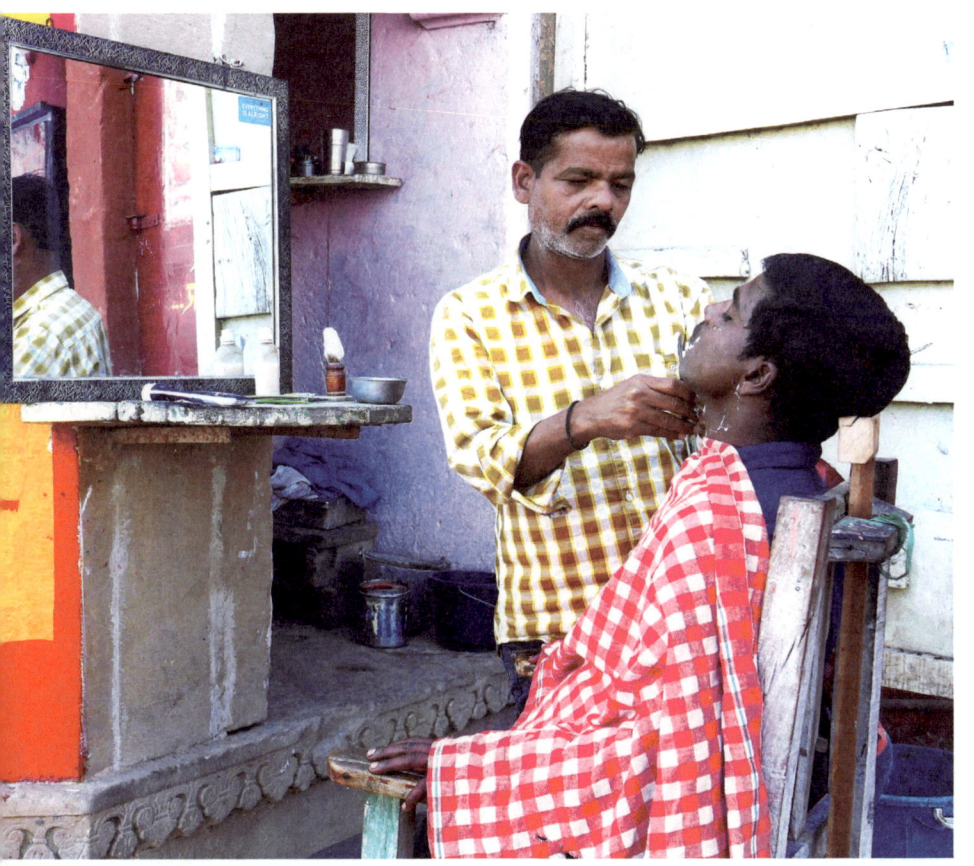

색 파는 시장. Delhi. India.

힌두의 일원론적 세계관 안에서 인도의 정치는 실제로 투표용지에 무효표가 존재한단다. '나는 Yes/No의 선택을 하고 싶지 않아요.'를 존중한다. 재밌지 않은가.

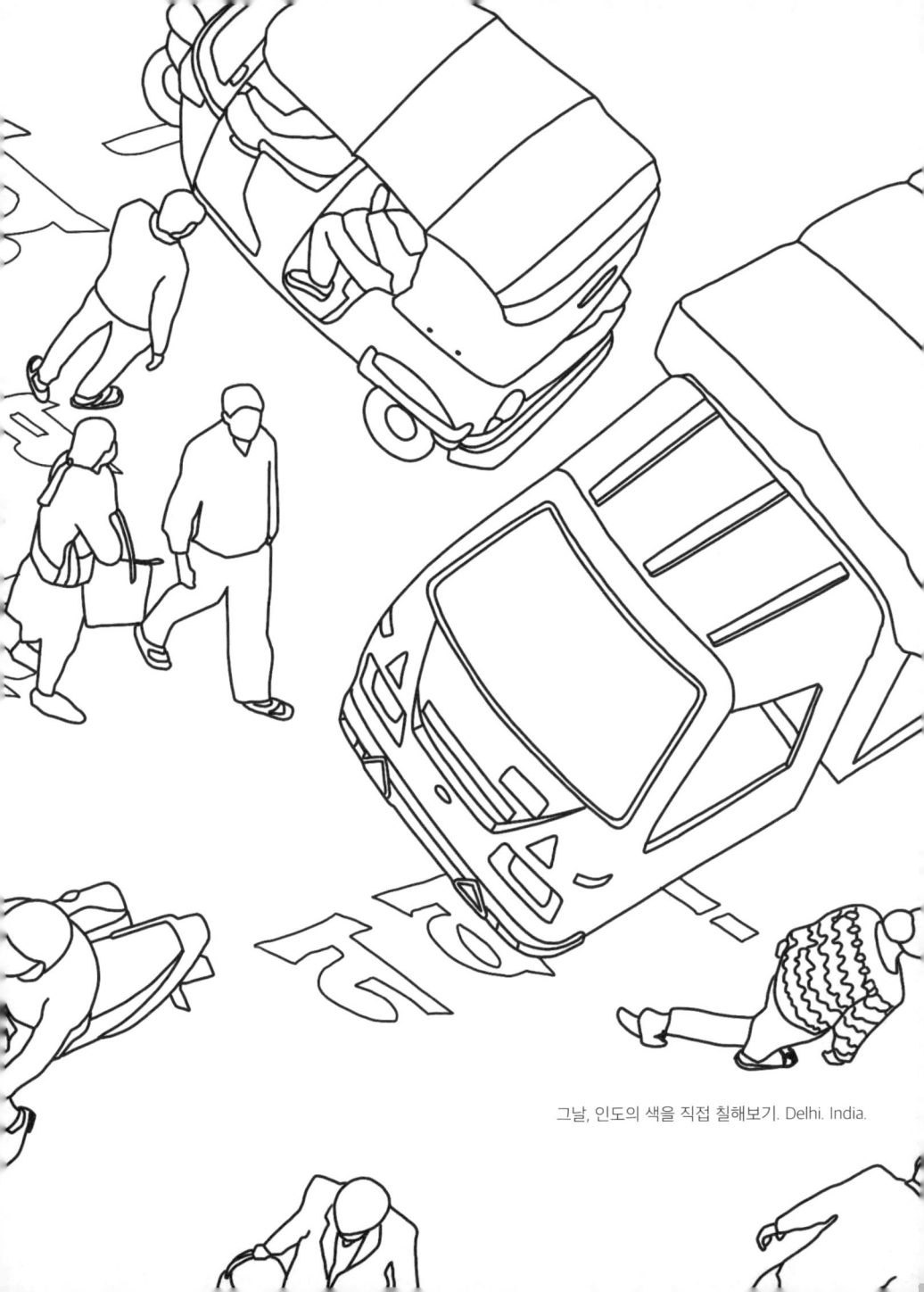

그날, 인도의 색을 직접 칠해보기. Delhi. India.

==지금은 새벽 5시 30분. 타지마할을 보기 위해 아그라로 가는 기차에 타 있다.== 이제서야 긴장을 조금 풀고 창밖을 바라본다. 아직도 해가 떠오르지 않아 아득한 기차역을 바라보며 한숨을 크게 내쉬는 중이다.

안전제일의 여행을 계획한 후, 그동안은 꽤 잘 지켜왔다. 하늘이 어둑해지기 시작하면 칼같이 숙소로 돌아갔고, 으슥한 골목은 들어가지 않으려… 했지만, 이건 첫날에 포기했다. 으슥한 골목을 들어가지 않으려면 그냥 인도를 떠나야 한다. 어쨌든 최대한 밝고 안전한 시간에만 돌아다니려고 했는데…. 해가 질 때 어두워진다는 건 체크했는데, 해가 떠오르기 전도 어둡다는 걸 체크하지 못했다. 새벽도 어둡다는 걸 까먹고, 오전 5시 30분 기차를 어제 예약해버렸다.

인도스럽지 않게 적막한 이른 새벽 시간, 울 것 같은 얼굴을 하고 기차역으로 가기 위해 숙소를 나왔다. 쓱 보니 그냥 밤새 길거리에서 술 먹고 노는 것이 이것보단 안전했겠더라. 개들이 나를 물어서 소리를 질러도, 저 멀리 내 인기척을 느끼며 서 있는 남자가 보따리에 나를 챙겨 넣어도, 아.무.도. 모를 것 같은 칠흑 같은 어둠 속에서 한 발짝을 떼기가 무서워 그냥 기차표를 버릴까도 생각했다.

먼저 긴 머리카락을 자켓 속에 집어넣어 감추고 지퍼를 목 끝까지 올렸다. 검은 모자를 더 푹 눌러쓰고 검은 마스크를 쓰니 눈만 내놓은 갱단 같아 내가 더 무섭… 지는 않았고, 그대로 계속 있을 수 없어 우선 최대한 빠른 걸음으로 큰길을 찾아 걸었다. 걸어서 몇 분도 안 되는 기차역이지만 그래도 오토 릭샤를 타고 가는 것이 조금 더 안전할 것

같았다. 문제는 큰길에도 오토 릭샤나 자동차의 불빛은 전혀 보이질 않았고 꺼진 듯 켜져 있는 가로등 불빛만 적막하게 도로를 감싸고 있었다.

가로등 불빛을 피해 완전한 어둠 속에 스스로 은닉한 후 릭샤를 기다렸다. 위험한 상황에서는 상대에게 나를 어설프게 노출하지 않는 것이 좋다고 아마존에서 사냥하며 배웠다. 뻥이고, 예전에 우크라이나에서 스킨헤드 무리를 잘못 만나 봉변을 당할 뻔한 경험에서 배웠다. 한밤중에 길을 잘못 들어 가로등이 없는 들판을 잠시 걸었던 것 같은데, 보이는 것이 없으니 불빛이 있는 방향으로 걷는다는 게 스킨헤드 무리가 자동차 헤드라이트를 켜놓고 놀고 있는 그 앞으로 가 버린 것이다. 나는 그들을 보았지만, 그들은 나를 전혀 보지 못해서 아무 일도 일어나지 않았다.

그 생각을 하며 그날처럼 가로등의 불빛이 닿지 않는 나무 뒤에 은폐한 후 기다리고 있었다. 뭔가 부족한 것 같아 가방에서 주섬주섬 위장 크림을 꺼내 눈 밑에 바를 상상을 하자, 저 멀리 비포장도로 끝에 무언가 덜컹거리며 다가오는 소리가 들려왔다. 내가 어둠 속에서 불쑥 튀어나와 손을 흔드니, 나이가 어려 보이는 오토 릭샤 기사가 브레이크를 잡아 세웠다.

30루피면 갈 거리를 50루피를 꺼내 들었다. "기차역 얼마, 50?" "80." '이 자식이…'. 뒤에 오토 릭샤 하나가 더 오는 소리가 들려 손절하고 그쪽으로 가려는 시늉을 하자, 바로 50루피에 협상이 되었다.

그렇게 릭샤를 타고 무사히 역에 도착해 기차에 올라탔다.

긴장이 풀리니 갑자기 피곤함이 몰려온다. 몸을 편하게 해볼까 하고 딱딱한 시트를 움직일 방법을 찾다 보니 이 기차가 내가 예상한 기차가 아니었다는 사실에 다시 아쉬운 생각이 든다. 아그라를 가는 고급 기차가 있는데, 가격이 비슷해 그 기차인 줄 알았다. 그냥 하루 전에 예약해서 비싼 거였다.

지금 내 옆엔 어떤 인도 남자가 하울의 움직이는 성을 보고 있다. 이 친구의 이름은 짜란이다. 엄마랑 여행 중이란다. 나와 행선지가 같다. 우리 셋은 같이 타지마할을 볼 수 있는 아그라역에 내릴 것이다. 나도 짜란이의 핸드폰으로 흘깃흘깃 하울의 움직이는 성을 보고 있다.

짜란이 살짝 눈물 흘리는 것 같은데? 만약 운다면 휴지라도 꺼내줘야지.

색 파는 시장 II Delhi. India.

어젯밤 꿈에 산신령이 나타나서
갑자기 소원을 들어주겠다는 거야
뭘 원하냐고 해서
그냥 내일은 좀 덜 힘들었으면
좋겠다고 했어.

그랬더니
나한테
안경을 하나 주더라고
다음 날 그걸 쓰고 출근하는데
세상에 버스 색이 파란색인 걸
그때 알았지 뭐야.

==평화로운 아침이다. 내 앞으로 안개 낀 타지마할의 모습이 펼쳐져 있다.== 어제 이 자태를 보고 오늘 뉴델리로 돌아가는 기차 티켓을 날리기로 했다. 하루 더 머무르며 타지마할과 마주 선 지금 같은 아침을 한 번 더 이어가고 싶었다.

대신 선택지가 많지 않은 이곳 아그라의 교통 인프라를 고려해 다른 도시로 이동해야 할 것이다. 그 길은 20시간을 돌아 인도에 온 것처럼, 비싼 돈을 주고 불편한 이동을 하는 또 한 번의 변태스런 과정이 될 것이다.

어째 점점 더 내일을 알 수 없는 여행을 하게 되는 것 같다. 이런 식의 여행을 이어가려면 돈과 시간을 보다 더 지불해야 하는데, 이번 여행은 시간도 돈도 그리 넉넉하지 않다. 게다가 인도는 면적이 넓어서 도시 간의 이동엔 대부분 하루를 잡고 가야하고, 교통 인프라가 잘 되어있는 편이지만 인구가 너무 많아 가격대가 적당한 표는 금방 매진이 되어 버린다. 그런데도 또 즉흥을 선택한 나를 잠시 타지마할 앞에 세우고 3인칭 시점으로 바라본다. 이리 보고, 저리 보고. 어디가 아픈가 보고, 고칠 수 있나 보고…….

아니다. 그냥 이 즉흥적인 일상을 이어나가보기로 한다. 그 순간에 일어나는 감흥을 따라 이리저리 배회하려고 일상을 떠나왔으니까. 이미 너무도 많은 것들을 지레짐작하며 극한의 효율을 따라 살아왔으니까. 즉흥을 선택할 수 있는 쿠폰을 몇 장 더 주기로 한다. 괜찮다. 대신, 돈이 다 떨어지면 길거리에서 그림이라도 그려야 하는 거다.

타지마할 사진 맛집 포인트에 사람이 바글바글.
외국인도 바글바글
현지인도 바글바글.
나도 줄을 섰는데 내 차례가 오지 않는다.
아마 영영 오지 않을 것 같다.
앞으로 245463명의 인도 가족들이 새치기를 더 할 것 같다.
가장이 하고, 고모가 하고, 이모가 하고, 할머니가 하고, 증조 할아버지가 하고, 손자들이 한다.

윤회를 하고 다시 와야겠다.

그래도 타지마할 앞에 선 피사체로는
나보다 저들이 훨씬 더 잘 어울리니

보-아준다.

며칠 동안 잘 머물렀던 호스텔을 떠나는 날이다. 좋은 테라스를 갖춘 호스텔에서 해가 뜨고 지는 타지마할을 마음껏 바라보던 시간이었다. 남녀 공용 도미토리는 정말 오랜만이어서 불편할까 걱정했는데, 오히려 여성 전용 도미토리보다 편했다. 이성이 함께 있으니 규칙을 더 잘 지키고 깨끗하게 사용하려는 것 같았다. 여섯 개 침대의 회전율이 꽤 높았는데도 불구하고 내가 머무르는 동안 불편한 일을 만든 사람이 한 명도 없었다는 사실 역시 놀라웠다.

떠나기 전에 호스텔 벽에 낙서를 좀 남기고 가야겠다 생각했다. 호스텔의 모든 벽에는 전 세계 여행자들이 남긴 낙서들이 바닥부터 천장까지 가득 채워져 있었는데, 어디에 있는 건지 한글이 눈에 띄지 않았다. 내가 리셉션으로 가서 씽긋 웃으며 매직을 달라고 하니 내가 그림 그린다는 것을 알고 있던 주인이 반가워하며 색별로 매직을 꺼내주었다.

이층 벽에 자리를 잡고 앉아 주위를 둘러보다, 시끌 벅적한 아래 로비를 내려다보았다. 비비드한 벙커 소파 위에는 다양한 국적의 여행자들이 저마다의 모양으로 쉬고 있었고, 리셉션 앞에는 서양인 커플이 앉아, 내가 좋아하는 유쾌한 스텝의 말장난에 웃음을 터뜨리고 있었다. 그 옆으로는 색색의 배낭들이 한가득 쌓여 데굴데굴 굴러다녔다. 나는 그것을 물끄러미 바라보다 어느 아저씨 한 명을 쓱쓱 그렸다.

지나간 시간도 충분하고, 앞으로 남은 시간도 충분한 어떤 사람을 그리고 싶다고 생각했던 것 같다.

그리고 노트를 꺼내 그림에 담고 싶었던 생각들을 적어 내려갔다.

예전엔 끊임없이 내가 존재하는 이유나 목적을 알고 싶어했던 것 같다. 하고 싶은 것과 해야 할 것들이 없으면 큰일이 나는 것처럼 불안 했던 것 같다. 이유가 있으면 지금보다 나은 무언가를 향해 달려갈 수 있다고 생각했었나 보다. 하지만, 달려가는 중이었던 나보다, 살아있는 자체를 느끼며 사는 지금이 훨씬 더 수월하게 현재를 사는 기분이 든다.
지금 내게 "네가 살아가는 이유가 뭐야?" 라고 묻는다면,
"살아있으니까 살지." 라고 말할 것 같다.

나라같이 살아서

죽지 못해 산다는 말이 본격적으로 정확하다고 느낀다. 오늘도 죽지 못한 나는, 나와 같이 살아서 여전히 호흡하는 것들과 이 하루를 또 감당해 낸다.

여전히 호흡하는

살아있기 때문에 볼 수 있는 것들을 본다. 저물은 하늘을 바라보다 미세먼지 가득한 공기에 다음날 밤주사 난다. 살아있기 때문에. 살아있기 때문에 들을 수 있는 음악을 듣고, 춤을 춘다. 살아있기 때문에. 화가 난다. 웃는다. 상처를 받는다. 위축되고 튀든다.
희로애락이 큰 사람일수록 참 열심히 산다는 생각이 든다.

나는 이들을 청춘이라 부른다.
살아있음에 느껴지는 모든 감각에 둔하지 않은 사람.

나무. 땅가죽
꽃

나는 이들을 청춘이라
부른다.
살아있음에 느껴지는
모든 감각에 둔하지
않은 사람.

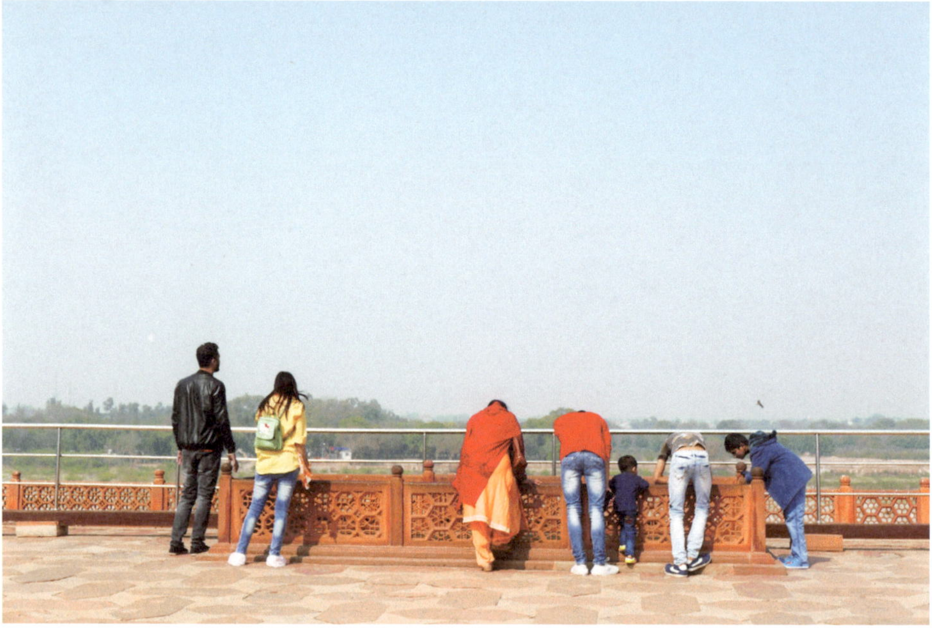

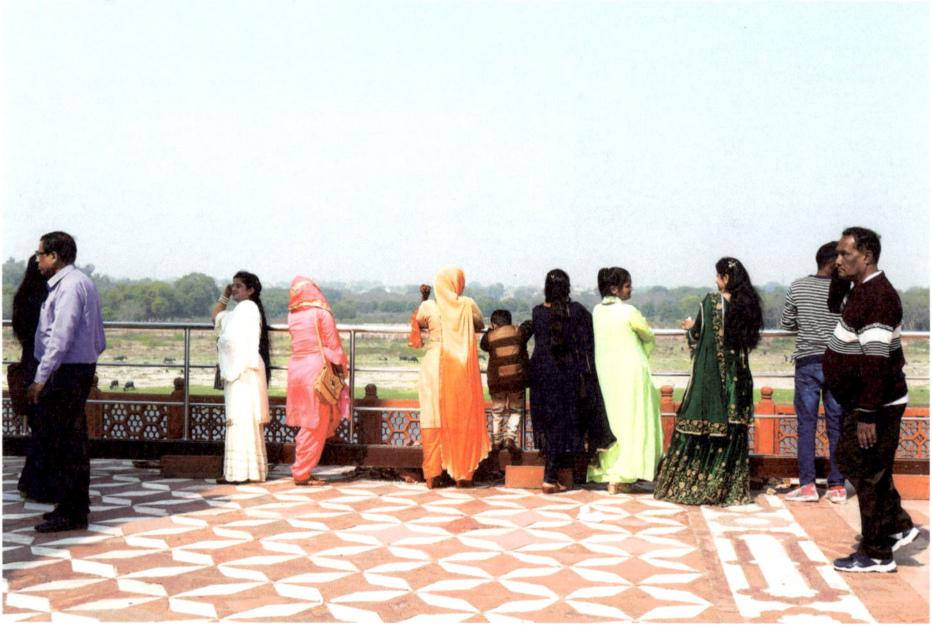

꿈 길러 가자. Agra. India.

아이야. 오늘을 살기에 가장 필요한
것이 무엇인 것 같니.

물, 물이 필요하죠.
그래 물이 필요하지. 물은 넘치지도 모자라지도 않게
구할 수 있다면 그러면 다음엔 무엇이 필요할 것 같니.
친구, 친구가 필요하죠.
그래. 정말 그렇지.
네가 울고 웃을 때 함께 있어 줄 친구가 필요하지.
평생 함께할 친구가 많지도 적지도 않게
네 옆에 함께한다면 그다음엔 무엇이 필요할 것 같니.
글쎄요. 잘 모르겠어요. 다음엔 뭐가 필요하죠?

네가 필요하단다. 어떤 순간에도 네가 필요해.
너의 목소리, 너의 감정, 너의 생각, 너의 아픔,
너의 기쁨…. 모든 순간에 네가 필요해.
그래야 오늘을 살아낼 수 있단다.

세상 어딘가에 사람이 죽을 때가 되면 찾아가는 곳이 있대.

거기서 죽으면 끝없이 반복되는 윤회를 끊을 수 있다고 하나 봐.

살날이 얼마 남지 않은 사람들이 평생 모은 장작 값을 챙겨 그곳 화장터 근처로 이사를 오기도 한대.

그래서 그랬나 봐.

그곳의 색이 유독 더 생기로워 보이더라고.

꼬물한 손을 입에 넣고 빠는
아기와 작은 강아지들이.
결혼식이 한창인 신랑 신부와
음식을 파는 노점상들이.
부모를 보내고 우는 자식과
죽음을 기다리는 노인이.
장작 위에 놓인 이와 함께 있어,

한 번도 본 적 없는
진한 색으로 보이더라고.

당신은 어떻게 지내시나요?
당신의 안녕을 바랍니다.

당신이 거닐던 곳에 당신의 색이 남았습니다.
내게는 없는 색이라 한참을 보았습니다.
당신이 이렇게 재미있는 사람인줄 몰랐습니다.
당신을 더 알고 싶어졌습니다.
다음엔 제가 맛있는 식사를 대접하고 싶습니다.

당신의 삶을 존경하고 응원하며.

आप कैसे हैं?
शांति आपके साथ हो।

जहां आप ठहरते थे, वहीं आपका रंग रहता है।

मेरा वह रंग नहीं था, इसलिए मैं थोड़ी देर के लिए उसे देखा

मुझे नहीं पता था कि तुम इतने मजेदार व्यक्ति थे।

मैं आपके बारे में और जानना चाहता था

अगली बार मैं आपको अच्छे भोजन के लिए बुलाना चाहता हूं

आपके जीवन को सम्मान और समर्थन

좁은 골목에서 다리를 절며 걸어가고 계시는 할아버지를 아무도 모르게 따라갔다.

할아버지를 지나쳐 앞으로 나아가고 싶지 않아 다섯 걸음 뒤에서 조용히 걸었다.

나는 너무도 빠르게 걷는 사람이어서 그랬다. 지나치게 빠르고 쉬어가는 법이 없어서, 내 곁에 사람들은 언제나 내 걸음을 버거워했다.

그런 내가 일상을 떠나 여행으로 걸으면 걸음이 느려졌다.

나는 여행의 걸음이 몸에 배어 잠시라도 일상에 스미길 바랐다.

여행이 아니었으면 만날 수 없었을 할아버지를 만나 그의 걸음을 걸었다.
할아버지의 걸음으로 걷는 골목은 그 끝이 보이지 않았다.
수많은 사람이 스쳐가는 동안은 바람 소리가 들렸다.
어떤 이들은 할아버지 앞에서 당연히도 얼굴을 찡그렸다. 길을 막고 선 눈치 없는 사람을 대하는 것처럼.

할아버지는 한 번도 쉬지 않고 계속 걸어가고 계셨는데도 말이다.

바라나시 색 골목. Varanasi. India.

바라나시 좁은 골목에서 너무도
작은 손이 내 손을 덥석 잡았다.

그 작은 손으로 내 손을 꼭 쥐고
쌩글쌩글 웃었다.
한 손에는 엄마 손을 잡고
다른 한 손에는 내 손을 잡고
나를 끌어 분유를 살 수 있는
가게로 갔다.

내가 따라가고 있는데도 재차
나를 돌아보며 쌩글쌩글 웃는
그 얼굴이,
나를 혼란스럽게 했다.

너무 아기인데. 30개월도
안되어 보이는 그런 아기인데.
그 표정이 나는 믿기지 않았다.

"너는 낯선 이의 손을 어찌
 이리 꼭 잡고 그렇게 웃니."

어떻게 이 표정을 연습했을까.
어떻게 이것을 엄마가 가르쳤을까.
이렇게 해야 굶지 않을 수 있다는 걸
어떻게 이해할 수 있었을까.
이해했다면 저렇게 웃을 수 있을까.

그리고 이내 깨달았다.

지치지도 않고 웃는 아기의 눈망울과
내 손을 꼭 쥔 그 작은 손에서 나오는
힘이 말해주었다.

"너는 지금 놀이를 하고 있구나."

내가 이미 어른이 되어버려서
너를,
이해할 수가 없었구나.

예쁜 옷을 입은 미스춘양. Agra. India.

인생이 돌고 돌아 다시 인생이
온다면.
그래서 내가 살아온 시간이
다시 한번 똑같이 내게 온다면.
아니라 다른 삶을
선택 할 수 있다면.
음….
나는 내가 살아온 인생을
그대로 살아도 좋을 것 같다.
같은 엄마와 같은 동생과
같은 아빠를 만나 그저, 그대로.
그냥.
나와 가장 어울리는
삶이었지 않았나 싶다.
그래도
내 삶이었다.

인도는 소. Agra. India.

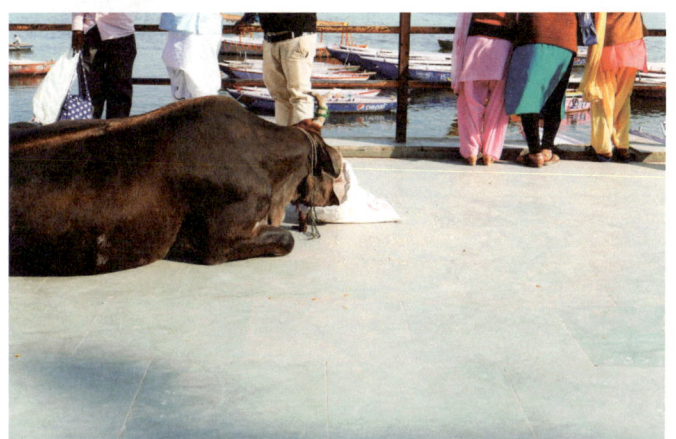

==시바 신 복장을 한 5살 남자 아이가 깡통에 삼지창 같은 것을 들고 나를 툭 치며 말을 걸었다.==
머리끝부터 발끝까지 소품이며 분장이며 디테일이 남달랐다. 분장을 직접 했냐고 물으니 직접 했다고 했다. 사진을 찍고 싶으면 돈을 내라고 해서 얼른 사진을 찍고 돈을 냈다. 하지만 얼마를 내라고 미리 얘기하지 않았으니 내가 생각하기에 적당한 돈을 냈다. 그래서 혼났다. 성격이 별로 좋지는 않았으나 분명 **아티스트**였다.

나는 분명 네가 보였어. 끼와 재능이 넘치는 아이야.

바라나시에서 만난 SES. Varanasi. India.

장작이 겹겹이 쌓여 산을 이룬 화장터를 지난다.
　이 장작이 있어야 죽은 사람을 태울 수 있다.
　부자들은 좋은 나무를 넉넉히 골라 모자라지 않게 화장을 하고, 가난한 사람들은 넉넉하지 못한 장작에 다 태워지지 못한 시신 그대로 강가에 던져진다.

장작더미 속에서 지독하게
괴로운 시대를 본다.
시신이 태워지는 연기에
눈이 맵고
목이 메는 것이 아니라
장작더미가 너무 고단해서.
자꾸 목이 멘다.

화장터에 와 있다. 시신이 타오르는 열기가 내게 닿을 정도로 가까운 곳에 혼자 조용히 서 있을 수 있는 자리가 있다.

여자도 외국인도 들어올 수 없다는데 벌써 며칠째 아무도 나를 막지 않는다. 아마 내 눈빛이 그들의 마음 어딘가에 닿아 가로막지 못하게 만들었나 보다. 그렇게 너무 당연하게 들어와 자리를 잡고 가만히 바라보고 있다.

나를 지켜보던 어떤 아저씨가 내게 짜이 한 잔을 가져다주셨다. 얼마냐고 하니 웰컴 티라고 한다. 화장터에서의 웰컴 티라니. 매운 연기 속에 달큰한 짜이 한 모금이 묘하게 어울려 넘어간다. 다음 한 모금을 준비하기 위해 작은 종이컵을 잠시 입술에서 떼어낸 사이, 재가 날아 들어와 짜이 위에 떠 오른다. 차마 이걸 마실 수는 없을 것 같아 바닥 아래에 그대로 내려놓는다.

시신이 끊임없이 들어온다. 24시간 불이 꺼지지 않는 이곳 화장터에 태워지기를 기다리는 시신들이 나란히 들어와 대기 중이다. 자리가 비면 그 시신은 갠지스강 물에 세 번 정도 씻겨진다. 그 사이 일꾼들은 쉼 없이 장작을 옮기고, 장작이 준비되면 성스러운 물이 뚝뚝 흐르는 시신을 단 위에 올린다. 가족들은 그 시신을 감싸고 색색의 가루를 뿌리며 어떤 문장을 노래한다. 여자와 아이들은 화장터 밖 저 멀리서 눈물을 닦아내고, 남자 가족들은 가끔 눈물을 훔치며 시신의 주위를 맴돈다.

한쪽에선 계속 나무를 쪼갠다. 비싼 장작을 살 수 있는 가족들에게는 좋은 나무가 갈 것이고, 모나고 얇고, 듬성듬성한 나무들은 가난한 가족들이 가져갈 것이다. 화장터에는 장작이 쌓여 산을 이루고 있다.

시신이 태워지는 건 순간이다. 오래 타면 탈수록 사람은 나뭇가지 같은 모습으로 변한다. 사람이 죽으면 흙으로 돌아간다는 말보다는 나무가 되었다가 날아간다고 하는 것이 더 맞는 말인 것 같다.

시신의 얼굴을 감싸고 있던 천이 날아가 어떤 할아버지의 얼굴이 선명하게 나타났다. 마치 불타는 이불을 덮고 계신 것처럼 몸은 타고 있는데 얼굴은 편안히 잠들어 있다.

화장터를 찾아서. Varanasi, India.

좋은 자리의 터가 비었다. 일꾼들이 분주하게 장작을 쌓는다. 다른 단 위의 장작보다 확연히 차곡차곡 높이 쌓는다. 세 배쯤 장작이 더 많아 보이는 그 나뭇더미 위로 시신이 올라간다. 부자 시신의 순서다.

쌓인 나뭇더미처럼 시신의 풍채도 다른 이들보다 세 배쯤은 우람해 보인다. 가뜩이나 풍채 좋은 시신을 높은 나뭇더미 위에 올리려니 장정 몇이 힘을 합쳤는데도 한 번에 올리지 못한다. 장작의 양을 반 정도만 줄이면 딱 좋을 것 같은데. 그 장작을 적은 양으로 간신히 태우고 있는 옆 시신에게 나눠줄 수 있다면.

죽은 이도 불편해 보이는 그 장작이 가족들에게는 효도이며 사죄이며 추억일지도 모른다.

하늘이 주황색으로 바뀌어가고 갠지스강 물이 그 색을 받아 위에 얹어주고 있다. 내 온몸에는 오늘도 탄내가 진동하고 옷에서는 후드득 재가 떨어진다. 하늘을 바라본다. 주황색 하늘이 점점 청색으로 변해가는 중이다. 이렇게 또 오늘의 해가 지고 있다.

모든 순간이 영원하지 않은 것처럼.

동생이 보고 싶다.
지금 내가 보고 있는 것을
보여주고 싶다.
이 생생한 색깔을 보여주고,
"우리 정말 뭐든 할 수 있을
것 같지 않아?"
라고 말하고,
"열 번을 넘어져도 다시 일
어날 수 있을 것 같은 그런
색이잖아."
라고 말하고 싶다.

미안해서.
같은 길을 가는 동생에게
길이 너무 춥고 시리다고
작년 내내 울어댔다.
나 때문에.
내 추운 입김 때문에
내 동생의 손발이
꽁꽁 얼어버렸을까 봐.

정말 미안하다.

알록 달록 결혼식, Varanasi. India.

바라나시를 떠나기 전 마지막으로 배나 타보고 가자, 싶었던 시간이었다. 매일 시끄럽게 흥정을 하던 사람들을 그제야 유심히 바라보며 어느 배에 올라탈까 골라보던 중이었다. 그때, "헤이 친구!"하고, 두 명의 인도인이 내 앞을 막아섰다. 나는 그들도 유심히 보았다.

한 명은 인도인이 확실한 것 같은데 그 옆에 선 키 큰 친구는 조금 애매해 보였고 뭐랄까… 왠지… 너무…. 잘생긴 거다. 그 잘생긴 친구가 내가 한국인 같았는지 어설픈 한국말로 인사를 했다. 잘생긴 친구가 어설픈 한국말을 하니 이번에는 너무…. 귀여운 거다. '애네 장사 잘하는데?'라고 생각하며 "한 시간에 얼마니, 너네 보트 탈게."라고 말하려다, 그 잘생긴 친구의 배우 같은 눈웃음을 보고 "너네 보트 살게."라고 말할 뻔했다.

그 잘생긴 친구는 자신이 일본인이라고 했다. 절대 일본인 같지 않은 그 친구는 아빠가 터키인, 엄마가 일본인으로 반씩 섞인 혼혈이라고 설명했다. 설명을 듣는데 자꾸 웃음이 났다. 바라나시에서의 마지막 날 저녁 갠지스강 가트 위, 수많은 사람들 속에서 갑자기 내 앞에 나타나 반짝이며 웃어 보이는 이 일본인 친구가 너무 선물 같아 나도 계속 웃음이 났다.

타쿠미는 정말 친화력이 좋았다. 친화력도 좋은데 영어가 완벽하고 일본어도 하니 인도에서는 못 사귈 친구가 없었다. 같이 있던 인도 친구 역시 보트 투어의 동업자가 아니라 낮 동안 사귄 친구인 것 같았다. 타쿠미는 내게 배를 탈 거냐고 물었다. 나는 그렇다고 했고, 같이 타지 않겠냐고 물었다. 그래서 우리는 '잘 가.'라고 말하지 않고 셋이 함께 배에 올랐다.

갠지스강 위를 떠다니는 여러 배 중에 우리 셋이 올라탄 배가 있었다. 한 시간 남짓 가트의 양 끝을 오가는 동안 서로에 대한 흥미로운 세 가지 사실을 알게 되었다. 첫 번째로, 타쿠미도 나처럼 바라나시에서의 마지막 날 저녁을 보내고 있다는 것과 두 번째로, 타쿠미는 선약이 있어 이 배를 타고 바로 또 배를 타러 가야 한다는 것과 마지막으로, 타쿠미가 가진 어떤 기질이 나의 장난기를 최대치로 끄집어내는 능력과 닿아있다는 것이었다. 그래서 우리는 굉장히 빠르게 친해졌고 빠르게 편해졌다.

타쿠미의 선약은 타쿠미를 예쁘게 본 대만 가족이 자신들의 보트 투어에 초대해 자리를 마련해놓은 것이었다. 타쿠미는 나를 그곳에 데리고 가기 위해 재차 예의를 갖춰 양해를 구했고, 나까지 흔쾌히 초대를 받아 데자뷔처럼 다시 또 함께 배에 올랐다.

해가 넘어갈 때가 되니 '푸자'가 시작되었다. 매일 보던 푸자 의식을 강 위에서 보니 건너편에서 볼 때 보지 못했던 것들을 볼 수 있어 좋았다. 처음에 내가 사진 찍지 않는 것을 바라만 보던 타쿠미가, 친해진 뒤로는 다 추억이라고 말하며 친히 자기 핸드폰을 꺼내 내 사진을 찍기 시작했다. 차라리 내 핸드폰으로 찍었으면 좋았을 것을. 타쿠미의 핸드폰에는 꼬질한 내 얼굴이 무섭게 복제되어 갔다. 타쿠미가 말했다.

"이것 봐, 잘 나왔지?" "내 얼굴 찐빵… 아니, 브레드 같아." "그렇게 말하지 마. 예뻐." 예쁘게 봐주는 건 고마운데 네가 보지 못한 더 예쁜 얼굴이 있다는 것도 알려주고 싶었다. 하필 마지막 날에 만났는데 벌써 오늘의 해가 다 져버렸고, 우리는 마지막 밤을 재밌게 보내기 위해 무엇을 하면 좋을지 귓속말로 간지럽게 떠들었다.

절정에 이른 의식이 곧 끝이 났다. 갠지스강에 떠 있던 모든 배가 뱃머리를 가트에 맞추었고 굉장히 많은 사람들이 배 위에서 쏟아져 나왔다. 타쿠미는 마지막까지 남아 같은 배에 타 있던 노부부의 손을 잡아 주었고, 그들이 배에서 안전히 내려올 수 있도록 도왔다.

타쿠미는 그런 행동들이 참 자연스러웠다. 어른들에게 예쁘게 웃으며 말을 거는 것, 그 대화를 부드럽게 잘 이어가는 것. 떨어진 물건을 먼저 주워주고, 지금처럼 마지막까지 남아 다른 이들의 손을 잡아주는 것들. 서로 장난을 치기 바빠 익살스럽게 웃다가도, 타쿠미의 그런 행동들이 스쳐 갈 때면 나는 유심히 그 모습들을 눈에 담았다.

우리가 모두 가트로 옮겨갔을 때, 아까 헤어진 줄 알았던 인도인 친구 라즈가 나타나 우리 앞에 섰다. 타쿠미가 당황스러워하는 것 같았다. 이럴 때 필요한 일 앞에 타쿠미의 모습은 꽤 부자연스러웠다. 나는 타쿠미를 살짝 뒤로 밀고 라즈와 단둘이 몇 걸음을 걸으며 속삭였다. 라즈가 걸음을 멈추고 환하게 웃으며 나에게 악수를 청했다. 그리고 저 멀리에 보이는 타쿠미에게 한 손을 높이 들고 인사한 뒤, 수많은 인파 속으로 빠르게 사라졌다. 내가 라즈를 배웅하고 뒤를 돌아보자 타쿠미가 내게 다가와 눈을 동그랗게 뜨고 물었다.

"그에게 뭐라고 한 거야?" "그냥 솔직하게 말했어. 오늘은 우리 둘 다 마지막 날이어서 둘만의 시간을 보내고 싶다고. 그랬더니 라즈가 전혀 문제없다고, 둘 다 좋은 여행 하라며 인사해주고 갔어." "정말? 와, 너 정말 강하다…."

그렇게 설명을 했는데도 타쿠미는 다시 내게, "어떻게 말했었다고?"라고 물었다. 내가 눈을 가늘게 뜨고 쳐다보니 타쿠미는 만족스러운 듯 웃어 보였다. 내 입으로 옮겨진 '우리 둘만의 시간을 보내고 싶어.'라는 표현을 확실히 하고 싶은 듯했다. 확인이 되었는지 그때부터 타쿠미가 나를 더 가깝게 대하기 시작했다.

남녀가 가까워지기에 인도는 참 적합한 곳이었다. 온 거리에는 타쿠미가 나를 보호해야 할 것들로 넘쳐났다. 여기저기 널려있는 똥과 언제 튀어나올지 모르는 개와 소들로 가득한 인도에서는 자연스럽게 상대의 팔과 어깨를 감싸 자신에게로 가깝게 할 일들이 참, 많았다.

우리는 맥주를 살 수 있다는 나의 단골 카페로 이동했다. 내가 바라나시에서 가장 좋아하던 카페였는데, 몰래 술을 마실 수 있는 곳을 검색하니 이 카페가 나왔다. 웃음이 났다. 그리고 여긴 내가 잘 아는 곳이니 나를 따라와야 할 것 같다며 타쿠미를 이끌었다.

곧 카페에 도착했고, 나는 먼저 카페 사장님을 찾았다. 그리고 그에게 살며시 다가가 귓속말로, '맥주 두 캔을 원해요.'라고 말했다. 그러자 사장님이 빠르게 눈짓으로 알았다는 사인을 주더니 루프탑으로 올라가라고 했다. 이 상황이 마약 거래를 하는 것이 아니라 단지 맥주 두 캔을 주문하는 과정이라는 것이 꽤 흥미로웠다.

내가 항상 앉던 테이블 아래 방석을 꺼내 타쿠미의 자리를 마련해 주었다. 우리가 마주 앉아 잠시 루프탑에 깔린 인조 잔디를 만지작거리고 있자, 곧 직원이 올라와 주문을 받았다. 우리는 다시 맥주 두 캔을 말하고 피자를 주문했다. 직원이 정색하며 맥주는 없다고 말하자, 타쿠미가 조용히 직원에게 말했다.
"아까 밑에 있던 남자는 맥주가 있다고 했어." 그제야 직원이 조용히 다시 물었다. "보스가 맥주가 있다고 했어?" "응." 그러자 직원이 고개를 끄덕이며 주문서를 챙겨 아래로 내려갔다.
잠시 뒤, 직원이 작은 찻잔 두 개와 화려한 손 그림으로 장식된 이가 빠진 도자 주전자 하나를 들고 왔다. 주전자를 열어보니 맥주가 찰랑거리고 있었다. 타쿠미와 나는 웃음을 터뜨렸다. 이 상황을 정리하며 타쿠미가 말했다. "웰컴 투 인디아."

주문했던 피자가 인도 타임에 맞춰 느긋하게 올라올 때까지 우리는 그림도 그리고 토론도 했다. 내가 정치 비즈니스를 전공했다는 타쿠미에게 아베를 좋아하냐고 묻자 타쿠미는 '어디 한번 시작해 볼까?' 하는 표정으로 미소를 띠고 나를 바라보았다.
타쿠미도 며칠 전 내가 호스텔에서 만난 일본 남학생들과 비슷한 내용을 말했다. 아베를 좋아한다고 말했고, 미국 중심의 사고를 했다. 덧붙여 문재인 대통령은 중국, 북한과는 잘 지내려고 하면서 일본과는 전쟁을 치르고 싶어 하는 것 같다고 말했다. 나는 그 말을 가만히 들었다. 타쿠미가 말했다.

"내 생각에 이 주제는 여기서 마치는 게 좋을 것 같은데, 만약에 네가 더 하고 싶다면 무엇이든 내게 물어봐. 다 솔직히 얘기해줄게." "아니 다음에. 내가 영어 공부를 하고, 서로 공평하게 말할 수 있게 된 다음에 제대로 싸우자. 너 아마 울게 될 거야."

우리가 한참 웃고 떠들며 시간을 보내다보니 어느새 너무도 담백하고 맛있는 피자가 나왔다. 나는 한입에 반해버린 피자를 오물거리며 타쿠미를 칭찬했다. 아까, 내게 주었던 메뉴판을 도로 뺏어 타쿠미가 주도적으로 시킨 메뉴였다. 나는 그랬다. 내게 메뉴판을 주자, 처음에는 즐거워하며 메뉴를 하나하나 읽어보았다. 그러나 이내 혼란스러워했고, 결정하지 못해 괴로워했다. 그것을 지켜보던 타쿠미가 메뉴판을 다시 뺏어 바로 고르고 직원에게 넘겨주었었다. 나는 그제야 다시 미간에 주름을 펴고 자유로워졌었다.

우리는 만난 지 얼마 되지도 않았는데 상대가 나설 때와 내가 나설 때를 감각적으로 알아채며 자리를 잡아갔다. 이제는 점점 알게 되는 것인데, 이런 상대가 특별히 있는 것 같았다. 어떤 상대 앞에서는 주눅이 들어 내가 잘 할 수 있는 것들까지 못 하게 되고, 어떤 상대는 내가 할 만큼보다도 더 에너지를 쓰게 되어 지치게 되고, 어떤 상대는 이렇게 힘의 균형이 맞았다. 단순히 센스일까. 눈치의 영역인 걸까. 나는 그런 사람을 만나면 일을 하고 있어도 쉬는 기분이 들었다. 균형이 맞아 편안하고 자연스러운 웃음이 지어지는 사람. 그래서 대화가 끊이지 않는 사람. 그런 상대가 그렇게 많은 것이 아니라는 걸 타쿠미도 알고 있을까 궁금했다.

"마쇼라 마쇼라, 술이 들어간다! 뚠뚜뚠 뚠뚠뚜" "야, 너 한국 사람이니? 이런 건 어디서 배웠냐 진짜 웃긴다." "빨리, 빨리 마쇼라."

타쿠미는 영국에서 어학연수를 했었는데, 그때 만난 한국인들이 매일 밤 왕게임을 해대며 특유의 술 문화를 가르쳤던 것 같았다. 타쿠미는 친구들 사이에서 본인이 술을 잘 먹는 편이었는데도, 한국인들은 도저히 이겨낼 수가 없었다고 했다. 타쿠미는 나를 보니 그때 생각이 나는 듯 보였다. 하지만 나는 평상시에 술을 거의 마시지 않았고, 마시게 되더라도 맥주 반 캔이면 충분했다. 타쿠미는 마주 앉은 한국인이 맥주 반 캔에 해롱대고 있는 것을 보며 못된 웃음을 짓고 있었다.

우리는 루프탑에 놓인 평상으로 자리를 옮겨 함께 하늘을 보며 누웠다. 타쿠미가 자신의 핸드폰을 열어 지난 여행의 사진들을 보여주기 시작했다. 아까 찍은 나의 사진들을 시작으로 타쿠미가 인도를 여행하기 전 여행했던 곳들을 하나하나 함께 보았다. 사진은 여행을 지나, 타쿠미의 일상 속 친구들과 가족으로 넘어갔다. 타쿠미는 준프로로 모델 일을 하고 있었다. 그런 일을 당연하게 해야 할 것 같게도 타쿠미의 키와 얼굴은 정말 특별했다. 내가 장난을 치며 루프탑의 다른 사람들이 듣도록 괜히 크게 말했다.

"오, 이게 너라고? 너 진짜 유명한 모델이구나?, 여기 여러분~!" "조용히 해…!" "얘 유명한 모델이래요 여러분~~!" "나 유명한 모델 아니야." 몇몇 사람들이 흥미롭다는 듯 타쿠미를 보고 웃었고, 타쿠미는 나를 끌어당겨 다시 눕혔다. 내가 타쿠미에게 말했다.

"그래서, 태국 수완나품 공항에 가면 네 사진이 걸려있다는 거지? 아, 나는 돈므앙으로 가는데 말이야." "돈므앙에는 없어." "알겠어, 그럼 내가 돈므앙 공항에 가서 거기 보스한테 말할게. 내 친구가 수완나품 공항에는 있는데, 왜 돈므앙에는 없냐고. 얘 유명한 모델이라고." "나 안 유명하다니까." 타쿠미가 나를 간지럽히며 내 입을 막아버렸고 나는 그 품을 벗어나서도 한참 더 웃었다.

우리는 언제 넘어갔는지 이내 다른 주제로 서로 열을 내며 목소리를 높이고 있었다. 내가 말했다.

"터키에 피쉬 케밥이 없다고???" "없다니깐???" "고등어가 영어로 뭐지?, 아니 고등어 케밥이 있는데 무슨 소리야? 너 그게 얼마나 유명한 건데 어떻게 모를 수가 있어?" "그건 샌드위치라니까?" "야, 너 기다려. 아 나, 얘 진짜. 어떻게 고등어 케밥을 모르지…." 타쿠미가 기회를 주겠다는 듯 내 눈을 똑바로 마주 보며 천천히 말했다. "너 잠깐 다시 생각해봐, 내가 어떻게 이걸 모를 수가 있겠어?" 나는 오로지 이 끔찍히 느린 와이파이가 내가 검색한 이미지를 볼 수 있게 돕기만을 바랐다. 이미지가 떠오르자마자 나는 기다렸다는 듯 서둘러 말했다.

"야, 이거 봐봐. 고등어 케밥. 이게 피쉬지, 미트야?" 타쿠미가 화를 씹으며 말했다. "이거 지금 빵이야, 아니야? 이건 샌드위치라고." "아…. 맞다, 이거 빵이지? 그래서 이거 샌드위치라고 부르는 거야? 우리는 그냥 케밥이라고 부르는데…?" "그래. 그렇지만 터키인들은 절대 그걸 케밥이라고 부르지 않아. 샌드위치라고 하지. 다르다고!" "아…. 다르게 구분하는구나? 아, 맞다! 너 반은 터키인이지?! 아하하 인정, 미안 미안." "내가 인도인이면 아무 상관 없어. 근데 나 반은 터키인이라고!" "아하하 알겠어 미안 미안, 고멘."

내가 목을 축이기 위해 잠시 일어나니 타쿠미가 나를 빤히 쳐다보았다. 내 몸이 자꾸 나른해지는 것으로 보아, 일반인보다 한참 모자란 나의 알콜한도에 이미 다다른 것 같았다. 내가 다시 타쿠미에게 다가가자 타쿠미는 상태를 체크하기 위해 두 손으로 내 얼굴을 감쌌다. 아까 배에서 함께 푸자를 보고 있을 때, 타쿠미가 나를 빤히 보자 내가 물었었다. "나 모기한테 내 피를 너무 많이 줬어. 내 얼굴 파래?" "아니." 그리고 아까보다 훨씬 더 가깝고 친밀하게 내 얼굴을 보고 있는 타쿠미에게 내가 다시 물었다. "내 얼굴 불타고 있지. 너무 뜨겁지?" "아니 아닌데, 차가워. 마쇼라! 마쇼라." 말은 그렇게 하면서도 타쿠미는 남은 맥주를 모두 자신이 마셨다.

우리는 다시 평상에 누웠다. 타쿠미가 능숙하게 팔베개를 해주었고 나는 그 품이 편안하고 좋아 잠시 눈을 감았다. 눈을 감고 있었지만 타쿠미가 나를 바라보고 있다는 것을 느낄 수 있었다. 타쿠미가 손등을 가볍게 대어 내 얼굴에 열이 내리고 있는지 체크했다. 그리고 남은 손으론 내 등을 토닥였다.

나는 타쿠미의 이런 스킨쉽이 좋았다. 우리는 짧은 하루 동안 서로에게 호감을 느끼고 있다는 것을 전달하기 위해 참 많은 사인을 보냈었다. 그중 내 마음에 꼭 들었던 것은, 타쿠미가 내 사진을 자신의 핸드폰으로 찍은 것과 내게 껌을 뱉으라고 하고는 손으로 받아주던 것, 그리고 지금처럼 등을 토닥여 주는 것들이었다. 우리는 잠시 그렇게 낯선 곳에서 편안함이 스치는 순간을 즐겼다. 타쿠미의 토닥이는 소리가 잔잔히 울려 퍼지는 동안 내가 말했다.

"어제 버닝가트에 있는데, 어떤 부자 남자의 시신이 왔어. 그 남자는 정말 몸이 크고 배도 볼록하게 나왔었어." 타쿠미가 흥미롭다는 듯 살짝 미소짓고 나를 보았다.

내가 이어 말했다. "그 남자의 장작은 탑처럼 쌓였었어." "정말 부자였구나." "응. 엄청난 부자였나봐. 그 남자가 너무 무거우니까 여러 사람이 같이 들어 올렸는데도 엄청 힘들어 했어. 그래서 그가 장작 위에서 웃기게…" "굴렀어?" "응. 굴렀어. 눕혀야 하는데 엎드린 모양이 된 거야. 모두가 당황스러워했어. 정말 웃긴 모습이었는데 아무도 웃을 수 없었지."

이야기하는 동안 우리가 그 상황을 상상하며 작게 웃었다. 내가 이어 말했다. "여럿이 힘들게 시신을 바로 눕혔어. 그리고 그 위에 샌드위치처럼 또 장작이 덮히는 거 알지? 근데 그의 배가 너무 볼록해서 장작이 계속 굴러떨어졌어." "참…." "응. 그 모든 것들이 참…. 인터레스팅했어." "그러게. 인터레스팅하네…." 내가 잠시 가만히 미소 짓다 이렇게 말했다. "나는 돈이 너무 많을 필요가 없다고 생각해. 그렇게 부자가 되고 싶지 않아."

우리가 대화를 나누는 동안 루프탑 위에 있던 손님들이 하나둘씩 떠났고 곧 우리만의 공간이 되었다. 타쿠미가 다시 온도를 체크하려는 듯 내 얼굴을 부드럽게 감쌌다. 우리는 잠시 발그레한 얼굴로 서로를 바라보며 미소지었다. 내가 다시 이야기를 시작했고 타쿠미는 내가 이야기를 마칠 때까지 조용히 토닥였다.

"나는 여기에 있는 동안 매일 화장터에 갔어. 내가 어릴 때 인정하고 싶지 않은 죽음 앞에 도망을 갔던 적이 있었거든. 그냥…. 그때랑 지금은 내가 많이 다르니까. 그때 마주하지 못했던 것들을 보려고 했어. 나는 한 사람의 죽음이 아닌 모든 삶의 죽음을 받아들이고 싶어서 깊은 시간을 보냈어. 그래서…. 난 지금, 좋아."

11시가 다 되어가는 시간, 우리는 함께 밤공기를 맡으며 강 옆으로 난 가트를 걸었다. 낮에는 복잡하고 시끄럽던 가트가 조용하니 정말 로맨틱하게 느껴졌다. 눈앞에 흐르고 있을 갠지스강이 어떤 색인지도 어둠에 가려 보이지 않았다. 우리는 어렴풋이 갠지스강의 물결이 보일 듯한 가로등 앞 작은 벤치에 앉아 부드럽게 이야기를 나눴다. 타쿠미가 말했다.

"나는 두 살 때 엄마랑 아빠가 헤어졌어. 그래서 아빠에 대한 기억이 없어." "두 살은 너무 어리다…." "괜찮아. 우린 갠지스강 앞에 있잖아. 모든 삶이 다 괜찮아." "아빠가 어디에 계시는지 알아?" "두 번 정도 만났었어. 그는 일본에 살고 있어. 후쿠오카 가까운 지역에." "그렇구나. 너 형제가 있어?" "아니, 나 혼자야." "가끔 외롭지 않아?" "예전에는 조금 외로웠는데, 지금은 괜찮아." "여행하는 건 너에게 중요한 일이야?" "응. 중요한 일이야." "여행 말고 일상 속에서는 어떤 것들이 너를 행복하게 해?" "음. 야구나 영어 공부. 공부가 재밌지는 않지만 뭐랄까…. 나를 성장시키는 느낌이 좋아. 모델 일도 좋고." "그래 모델 일을 하는 것이 너를 환기시켜 줄 수 있겠다."

나는 타쿠미가 평일에는 출퇴근하며 직장에 다니다가, 주말에 가끔은 카메라 앞에 서서, 능숙하게 포즈 취하는 것을 상상했다. 타쿠미는 대학을 졸업하자마자 전공과 관련된 기업에 취직했고, 바로 여행을 떠나왔다고 했다. 이 여행이 끝나면 계획대로 직장인의 삶이 시작될 것이었다. 내가 타쿠미에게 일에 대해 물으면, 타쿠미는 웃으며 말하다 이내 잠잠해졌다. 그 일이 지금 자신의 모습을 많이 바꿀 수 있다는 걸 받아들이고 있는 것 같았다.

우리가 대화하는 동안 현지인들이 우리의 대화에 껴서 함께 대화하다 가고, 또 함께 대화하다 갔다. 자연스러운 말소리와 웃음소리가 가트 위에 올라졌다. 너무도 잔잔하고, 너무도 평화로웠다. 이렇게 아무런 긴장 없이 인도의 밤을 볼 수 있을 거라고 기대하지 않았는데, 말로 표현할 수 없을 만큼 이 순간이 아름다웠다. 내가 말했다.

"밤에 보는 갠지스강이 이렇게 아름다운 줄 모르고 떠날 뻔했네. 덕분이야 고마워." 타쿠미가 내 등을 토닥이며 말했다. "나는 이제 갠지스강을 떠올릴 때면 네가 생각날 거야." "나도 그래. 조금 더 일찍 나타나지 그랬어." "그러게. 그랬으면 좋았을 텐데."

나는 갠지스강을 바라보며 우리가 어제저녁에 만났다면 어땠을까 생각했다. "내일 다시 만나."라고 말한 뒤, 설레는 마음으로 숙소로 돌아가 밤잠을 설치고, 다음 날 반갑게 인사하며 서로 포옹하고, 함께 마주 앉아 아침을 먹으며 다시 오늘 같은 하루를 보낼 수 있었다면. 아마 나는 이 여행이 끝나자마자 타쿠미가 먼저 가서 기다리고 있을 일본 어느 도시행 비행기 티켓을 끊고 타쿠미에게 보여주었을지도 모른다.

여기까지. 내가 타쿠미를 알 수 있었던 것도 아쉽지만 반나절만큼의 딱 이 시간까지. 오늘 우리에게 주어진 시간은 여기까지.

타쿠미가 나를 바라보았다. 처음 만난 그 순간과 같은 웃음을 짓고 있었다. 반나절의 시간 동안 내가 푹 빠져있던 그 웃음이었다. 나도 함께 웃어 보였다. 타쿠미가 내 얼굴을 자신에게 고정한 뒤 천천히 다가왔다. 나는 눈을 감았다. 우리는 아쉬움을 담아 오랫동안 키스했다. 바라나시의 개들이 하나둘씩 모여 짖어대며 우리를 쫓아낼 때까지, 너무 웃겨서 도저히 서로에게 더는 묻혀있을 수 없을 때까지 우리는 어둠이 내린 가트 위에서 사랑을 나눴다.

아쉽게 주어진 시간을 위로하듯 1분, 1초의 모든 순간이 잔잔히 흘러가는 갠지스강 어딘가에 기록되고 있을 것만 같았다.

푸자가 끝난 뒤 , Varanasi. India.

갠지스강은 상상할 수 없을 만큼의 다양한 이야기를 품고 있어요. 아주 긴 시간 동안 수많은 인생을 위로한 강이죠. 갠지스강이 품고 있을 수많은 삶을 사진 위에 색 스티커를 붙여 표현해보세요. 각자의 이야기도 다채로운 색으로 갠지스강 위에 띄워보세요. 스티커는 충분히 준비해 뒀어요. 책의 맨 뒷장에 있답니다.

스티커 붙이는 곳

이번 인도 여행에서 사람들이 우르르 지나가는 공간 어디 구석쯤에 노숙을 했어야만 했다.

후리스 재킷 지퍼를 목 끝까지 올리고 침낭을 꺼내 번데기처럼 쏙 들어갔다. 마지막으로 캡 모자를 내려쓰니 지붕 처마가 완성된 것 같은 느낌이 들었다. 내 처마에 나이키 로고가 그려져 있어 마음에 쏙 들었다.

1.
여긴 숙소 안 아니?

나는 이상하게
그런게 좋더라
거지 같은데
거지 아니고
거지 같은데
거지 아니고

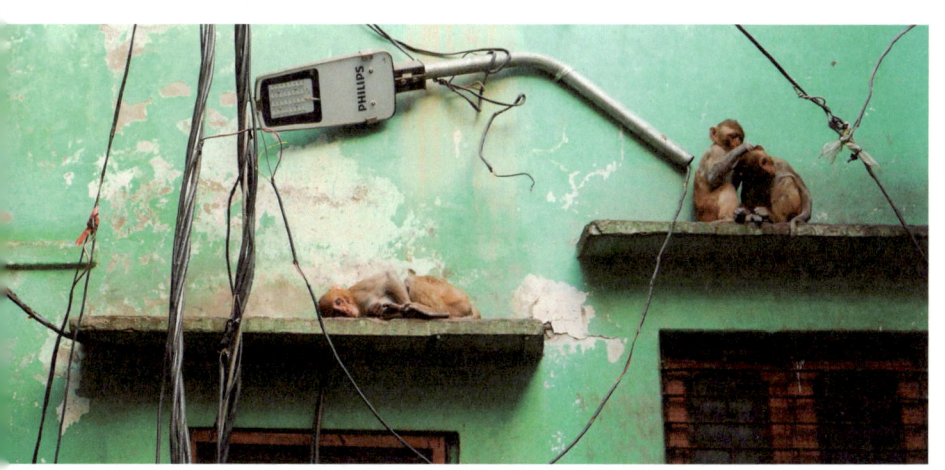

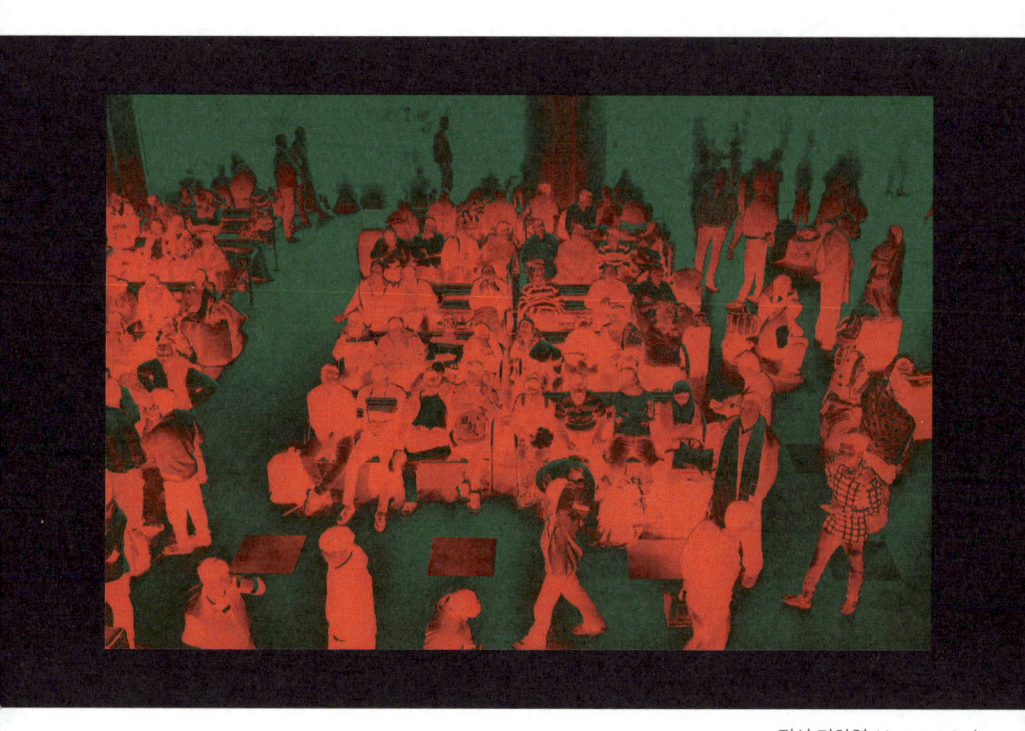

정선 기차역, Varanasi. India.

뭄바이로 가는 기차에 타 있다. 복도를 포함해 총 6개의 침대가 있고, 그중 왼쪽 꼭대기에 내 자리가 있다. 장거리 기차를 타니 그제야 인도의 기차가 SL부터 3A- 1A까지의 등급으로 나뉘어 있다는 것이 실감 난다. 나는 3A 칸에 타 있다. 3A는 침대 시트가 제공되며, 에어컨이 나오는 칸이다. 보통 3A부터는 중산층 이상이 되어야 탈 수 있다고 한다. 가장 저렴한 SL 칸은 에어컨이 나오지 않고, 지정 좌석이 없는 대신 다른 칸에 비해 월등하게 저렴하다. 기차가 도착하면 SL 칸의 사람들은 전쟁이 난 것처럼 가방을 던지고 뛰어들어 자리를 맡는다. 그렇게 여자 혼자 사람들과 엉켜, 30시간 이상 기차를 타는 것을 누구도 추천하지 않았지만, 월등히 싼 티켓을 보며 순간적으로 '타볼까?' 하는 걸 끝까지 말려 주었던 어떤 한국인 여행자에게 감사를 전한다.

기차가 출발한 지 6시간 정도 지난 것 같다. 시간이 수월하게 잘 가는 것 같은데, 이제 24시간이 남았다고 생각하니 소름이다. 벌써 허리가 아픈 것 같은데 자세를 바꿀 수 없다. 천장이 너무 가까워 누워있어야 한다. 앉을 수가 없으니 작업을 하기도 마땅치 않고, 옆으로도 폭이 좁아 물건이 떨어질까 조심스럽다. 꼭대기 칸이 치안상 가장 안전하기는 하다지만, 이와 같은 장단점이 있다.

그래도 버스처럼 덥지 않아 다행이다. 추웠으면 추웠지 전혀 덥지 않다. 공기가 차니 냄새가 심하지도 않고, 추우면 침낭을 덮으면 되니 더운 것보다야 훨씬 낫다.

화장실은 정말 충격적이었다. 똥이 동동 떠 있는 변기가 지금도 눈 앞에 아른거린다.

인도에 오기 불과 며칠 전, 서울시에서 주최하는 어떤 세미나에 참석했었다. 4차 산업 시대의 인공지능 및 기술 진보를, 예술가들은 어떻게 활용할 수 있는가에 대한 세미나였다. 나는 케이터링으로 나온 와인 한 잔을 테이블에 올리고, 인공지능이 그려낸 그림을 감상하고 있었다.

그랬었는데. 조금 전, 재래식 화장실에서 어설프게 물을 내리려다 소매 끝에 똥을 묻히고 왔다. 화장실에 있던 손 세정제를 풀어 미친 듯이 닦아내다 다 늘어나 버린 티셔츠를 힘없이 바라보고 있다.

그러다 문득, 이렇게 깔끔을 떨고 난리를 치면 내가 깨끗해지나 생각해본다. 정말로 나는 내 기준 내에서만이라도 깨끗할 수 있는지도. 적어도 내가 만난 인도 사람들은 자신들이 더럽다 여기는 일로부터 최대한 떨어져 살아갔다. 이들이 이런 불편하고 냄새나는 것들을 잘 감수한다고 해서, 내가 이런 불편하고 냄새나는 것들을 소스라치며 거부한다고 해서 세련되고 고상한 사람이 되나. 모르겠다.

내가 이런 생각을 하는 것은 시간이 너어-무 많기 때문이다. 앞으로 23시간 35분 27초가 남았다.

사기를 당했다. 뭄바이 마지막 날 저녁, 복합 쇼핑몰에서 영화를 보고 나오는 길에 오토 릭샤를 잡았다. 시간이 늦었으니 호스텔로 가자고 할까, 마지막 날이니 야경을 보러 시내로 가자고 할까 하다 시내로 가달라고 말했다.

뭄바이의 오토 릭샤는 대부분 미터기가 달려있었는데 기사가 흥정한 금액이 내가 생각한 금액보다 저렴해서, 미터기를 켜지 않는 것도 딱히 괘념치 않았다. 나는 이 기사가 장거리 손님을 붙잡기 위해 적당한 흥정을 했다고 생각했다. 그래서 시내까지 원만하게 도착하고 나면, 돌아오는 길에도 그의 릭샤를 이용해 왕복 비용을 넉넉하게 줘야겠다 생각하고 올라탄 택시였다.

문제는 그가 뭄바이에서 가장 유명한 기차역을 모른다는 데에 있었다. 처음에는 분명히 어딘지 안다고 했지만, 정확한 위치를 모르는지 재차 나에게 묻기 시작했고, 내가 안 되겠으니 잠깐 멈춰보라고 하는 말을 무시하고 계속 달렸다. 그리고는 친구에게 전화를 걸어, 내게 그 위치를 설명하도록 시키는 등의 불안한 행동들을 보였다.

운전하는 것도 그랬다. 우리가 출발한 쇼핑몰에서 멀어지고 있는 것 같기는 한데, 이상하게 앞으로 가고 있다는 느낌보다는 외곽으로 빙빙 돌고 있다는 느낌이 들었다. 분명 무엇인가 잘못되어 가고 있는 것 같았다.

결국 그는 시내도 쇼핑몰도 아닌 낯설고 외진 곳에서 시동을 껐다.

그곳에 기다리고 있던 택시 기사 한 명이 다가왔다. 그리고 오토 릭샤 기사와 서로 내가 알아들을 수 없는 어떤 말들을 했다. 아무래도 나를 손님으로 이어받을 택시인 것 같았다.

뭄바이는 오토릭샤가 갈 수 없는 구간이 있는데, 내가 그것을 잊고 있었다. 이 릭샤 기사는 그것을 이용해 목적지로 가는 척 빙빙 돌다가 나를 택시 기사에게 넘겨주려고 한 것 같았다. 그리고 나에게 요금으로 250루피를 내라고 했다. 아무리 후려쳐도 70루피면 충분한 거리였다. 나를 기다리는 택시 기사는 더 말 같지도 않은 금액을 불렀다. 나는 그 자리에서 눈이 돌아 버렸다.

사실 그렇게 화가 날 일도 아니었는데, 그렇게 큰 사기도 아니었고 나를 팔아넘긴 것보다 훨씬 고마운 상황이었는데. 왜 그랬는지 그 순간 내 눈이 돌아버렸다. 내가 소리를 지르고 화를 내니 택시 기사도 뭐라고 떠들어대던 주둥이를 닫았다. 아까까지 멍청하게 웃던 릭샤 기사는 완전히 다른 얼굴을 하고는 250루피를 내라고 소리쳤다. 내가 벙어리가 된 택시 기사에게 소리치며 말했다.

"뭐라고 말 좀 해봐요! 이 사람이 지금 나를 속이잖아요. 피닉스 몰에서 여기까지 250이 말이 안 되잖아!!"

벙어리 택시 기사는 하늘을 보며 내 눈을 피했고, 릭샤 기사도 내 기세에 질세라 무조건 250루피를 내라고 했다. 나는 살기 어린 눈으로 "이거 먹고 꺼져."라고 말하며 기사에게 100루피와 잔돈을 던졌다.

그 돈을 주워 릭샤 기사는 떠났고, 싸움을 구경하러 근처를 배회하던 인도 아저씨들이 하나둘씩 모여들기 시작했다. 택시 기사에게 무슨 일이냐 물어보고, 택시 기사는 또 그것을 설명해주고 있는 듯했는데 그게 또 꼴 보기 싫어서 다가가 소리쳤다.

"그 남자 잘못했잖아. 안 그래?!!" 그제야 벙어리 택시 기사가 입을 열었다. "맞아. 그 남자 잘못했어." "아까는 한마디도 안 하더니. 똑같은 새끼들…." 내가 거기 모인 모든 인도인에게 소리치며 말했다.

"나는 뭄바이를 증오해. 알겠어?! 너네 같은 사람 때문에 인도가 싫어졌다고! 알아들어?!" 그렇게 말하면 내셔널리즘에 쩔어 있는 인도 사람 중 한 명이라도 반성할 거라고 생각했는지 그렇게 소리친 후 아무 방향으로 무작정 걸었다. 내가 제일 미친 사람 같았다.

어딘지도 모르는 낯선 곳에서, 그저 무작정 앞으로 걸어갔다. 내가 컴컴하고 외진 거리를 혼자 걷고 있다고 해서 누가 다가와 나를 건드리기라도 하면, 내가 그 사람을 죽여버릴 수도 있을 것만 같았다. '어디 한번 건드려 보라지.'라고 생각하며 분노에 차 걸었다. 한참을 걷다가 누군가의 도움을 받아 오토릭샤를 탔고, 정신을 차리고 보니 호스텔에 도착해 있었다. 호스텔 주인에게 오는 길에 있던 일들을 이야기하니 그가 이해할 수 없다는 듯 내게 도로 물었다.

"그럴 땐 숙소로 전화를 했었어야지. 어제 기차역에 도착했을 때도 위험할 것 같아서 미리 전화한 거 아니었어?, 어젯밤에는 잘했었잖아?" "어?…. 응. 그러게…."

아무래도 인도를 여행하는 동안 쌓여간 긴장의 순간들이 나도 모르게 스트레스가 되었던 것 같았다. 나는 내가 잘 하고 있다고 생각했는데, 그것을 위해 많은 에너지를 쓰고 있었다는 사실을 그제서야 깨달았다.

혼자 떠나온 여행에서 유독 고단했던 하루가 지나고 있었다.

Auto Rickshaw

뭄바이 공항으로 가는 길에 오토 릭샤를 불렀다. 어제 일을 생각하며 미터기를 제대로 켜도록 재차 확인했다.

공항에 도착하니 꽤 달려왔는데도 불구하고 50루피가 나왔다. 한화로 800원 정도 되는 금액으로, 정확하게 현지인들이 내는 금액과 같은 금액이었다. 나는 개인적으로 관광객이 그곳에 터를 잡고 사는 사람들과 같은 금액을 내는 것을 크게 동의하지 않았다.

내가 나보다 5살 이상은 어려 보이는 릭샤 기사에게 물었다. "잔돈 있어?" 당연히 잔돈이 없다고 했다. "정말 없어?"라고 물으니 정말 없다고 했다. 내가 한숨을 쉬고 50루피를 보여주면서 다시 말했다.

"나 50루피 있어. 너한테 100루피 주고 싶어서 묻는 거야. 진짜 잔돈 없어?" 그제야 릭샤 기사가 부끄럽게 웃으며 잔돈이 있다고 말했다. 심지어 엄청 많았다. 부끄럽게 웃는 표정이 마치, 혼자 새콤달콤 몰래 먹으려다 들킨 초딩 같아서 피식 웃음이 났다.

내가 100루피를 건네는 척하다 다시 뺏으며 말했다. "너, 그러지 마." "응, 미안."

그렇게 돌아서서 공항을 향해 걸어가는 데 갑자기 후회스런 생각이 들었다. 내가 당연하다고 생각하는 바르고 옳은 기준에 대한 후회였다.

'내가 뭐라고 고작 그거 조금 더 주면서 가르치려고 들었어. 저들에게 진짜 필요한 것이 뭔지, 내가 뭘 안다고…'

뭄바이에서 떠오른 비행기가 나를 고아의 작은 공항에 내려주었다.
도착 층 로비에는 서프보드를 챙기는 사람들, 드레드를 딴 사람들, 피어싱으로 얼굴이 반짝이는 사람들이 분주하게 움직이고 있었다. 히피들의 천국이었다는 남인도 고아에 온 것이 실감 나는 순간이었다.

나는 잠시 배낭을 내려놓고 아람볼 해변으로 가는 공항 택시를 예약하기 위해 창구로 갔다. 구간별 요금이 정해져 있는 안내판을 보고 구글 지도를 살펴본 뒤, 큰 깨달음을 얻고 다시 자리로 돌아왔다.

고아가 굉장히 넓었다. 북부 고아와 남부 고아가 나뉘어 있었는데 내가 가려는 아람볼 해변은 북부 끝에 있었다. 공항과의 거리는 60km 정도로, 택시 요금으로만 4만 원이 나왔다. 4만 원이면 5일 치 숙박비인데, 나는 그 돈을 내고 택시를 탈 마음이 전혀 없었다. 대충 밖으로 나가 로컬 버스를 찾아봐야겠다고 생각하고 미련 없이 공항을 나갔다. 잘못된 선택이었다.

공항 밖으로 나가자마자 더운 공기가 훅하고 들어왔고, 택시 기사들이 달려들어 소리를 질러댔다. 내가 빠르게 그곳을 빠져나가는 동안 어떤 기사의 외침이 귀에 닿았다. "너, 버스 타고는 아마 못 갈걸?!"

숨 막히는 더운 공기 속에서 배낭을 메고 로컬 버스에 대한 정보를 찾기 위해 공항 주변을 떠돌았다. 하지만 얼마 뒤 큰 깨달음을 얻고 다시 공항으로 돌아왔다. 할 짓이 못 되는 일인 것 같았다. 버스만 3~4번을 갈아타야 하고, 그렇게 가는 동안 해가 다 져버릴 수도 있었다.

내가 공항 경찰 아저씨에게 제발 다시 들여보내 주면 안 되냐고 물으니 역시 단호하게 안 된다고 했다. 인도의 모든 공항은 한번 밖으로 나가면 절대 다시 안으로 들어갈 수 없다.

내가 돌아오자 택시 기사들이 신이 났다. 나도 딱히 다른 방법이 없었고, 여행이 막바지에 이르니 이제 이런 것들도 익숙해졌다. 오히려 배낭이 무거워 괴로웠는데 택시 기사들 때문에 웃음이 났다.

내가 왼쪽으로 가면 우르르 왼쪽으로 오고, 내가 오른쪽으로 가면 우르르 오른쪽으로 오는 것이, 마치 나를 엄마로 착각하는 새끼 오리 떼 같았다. 박수를 유도해보거나 파도타기를 시키며 레크리에이션을 해볼 수도 있을 것 같았다. 경매하듯 "얼마?!"를 외치는 택시 기사들에게 내가 큰소리로 외쳤다. "자, 두 명 찾아오세요! 나 돈 없어, 쉐어할 거예요!"

난리가 났다. 친구 찾았다고 나에게 다급하게 다가오는 기사들은 "두 명 확실하냐."는 말에 돌아갔다. 나는 아예 공항 문 앞에 자리를 깔고 앉았다. 기사들이 계속 더 낮은 가격을 부르며 내 마음을 바꾸려고 했지만 나는 단호했다. 버스를 타고 5시간 가느니 여기서 2시간 기다려보자 생각했다. 내가 너무 단호하게 거절하자, 어느 기사가 볼멘소리로 말했다. "한 명만 해, 너 그러다 못 가." 내가 웃으며 말했다. "여기서 친구 만들 거예요. 나 시간 많아~." 기사들이 웃으며 숙덕댔다. '뭐 저런 게, 다 있냐' 라고 말하는 것 같았다. 와중에 "쟤 코리안이래?"라는 소리도 들려왔다.

한 시간 정도 지났을까, 키가 큰 서양 커플이 택시 기사와 함께 빠르게 공항을 빠져나갔다. 드레드 헤어를 멋지게 한 남자와 예쁜 금발의 단발머리를 한 여자였다. 내가 자리를 털고 일어났다. 그리고 택시 기사들을 바라보며 아주 만족스러운 웃음을 지어 보였다.

이들이 바로, 그토록 기다리던 나의 친구들이었다.

고아 파라다이스 상점. Goa. India.

자유로운 고아의 바다를 바라보며 선베드에 누워 오후의 개나리빛 햇살이 내 피부에 기분 좋게 떨어지는 느낌을 만끽하고 있었다. 내가 선글라스를 벗고 햇살을 마주 보려다 눈이 부셔 손바닥으로 얼굴을 가리니, 라부가 다가와 "파라솔을 네 쪽으로 더 당겨줄까?"라고 말했다. 나는 라부에게 친근한 웃음을 지으며 그대로 두라고 했다. 라부는 알았다고 씽긋 웃으며 다시 로비로 돌아갔다.

고아에 온 지 며칠 되지 않았지만 벌써 이곳에 정감을 느끼고 있는 것은 라부가 있기 때문이었다. 고아에 온 첫날, 해변을 따라 색색들의 선베드를 펼쳐놓은 수많은 비치 카페 중 나는 유독 이곳이 마음에 들었었다. 첫날, "내일 또 올게요."라고 말하고 돌아간 뒤, 나는 매일 "이따 봐." 또는 "다시 올 거야." "내일 또 만나."라는 말을 했다.

라부는 나의 일과를 가까이서 지켜보았다. 아침이 되면 반갑게 포옹을 하고 버터 토스트 하나와 생과일주스를 시켰다. 나는 항상 같은 선베드에 걸터앉아 책을 읽거나 그림을 그렸고, 어딘가에서 시간을 보내다가 다시 돌아와 아이스크림이 올라간 과일 샐러드를 시킨 후 태닝을 했다. 고아의 하늘이 주황색으로 바뀌어 갈 때쯤엔 물건들을 그대로 둔 채 해변을 따라 잠시 걷다가 들어왔고, 무언가 바빠 보이는 일이 해가 다 져버릴 때까지 마무리가 되지 않으면 메뉴판을 달라고 한 후 저녁 메뉴를 시켰다. 그 하루의 시간 동안 라부는, 해의 움직임에 따라 파라솔 각도를 움직여 주고, 의자를 움직여주고, 내 물건들을 지켜봐 주었다. 나는 고아의 바다에서 가장 낯설지 않은 곳에 누워 어제와 다르지 않은 일상을 만들어가는 중이었다.

그런 하루가 이어지던 나의 선베드로 낯선 누군가가 찾아왔다.

그의 이름은 레오나르도로 이탈리아에서 왔다고 했다. 나는 이탈리아라는 말에 한쪽 입꼬리를 살짝 올렸다. 그는 인도를 여행한 지 꽤 되었고, 이제 곧 자신이 살던 로마로 돌아가야 한다고 했다. 고아는 마지막 여행지로 꽤 괜찮은 곳이라고 했다. 그리고 자연스럽게 고아에 대한 정보를 주며 대화를 이어갔다.

나는 그에게 요리할 수 있는 숙소를 찾고 있다고 말했다. 오늘 낮 동안 아람볼에 있는 숙소란 숙소는 다 찾아봤는데 적당한 곳을 찾을 수 없어 포기했다고 말했다. 그동안 아낀 돈을 들여 고아에서 혼자 지내기에 좋은 숙소를 구하고 싶었는데 주방이 있고 깨끗하며, 바다와 가까운 적당한 곳을 찾다가 더위를 먹을 뻔했었다.

그는 나의 이야기를 들으며 자신이 알고 있는 것들을 꽤 열심히 알려주었다. 그리고 대화가 어떻게 그리로 흘렀는지 모르겠지만 나에게 까르보나라를 해주고 싶다고 했다.

웃음이 터졌다. 까르보나라라니. 내가 지금까지 들어본 "까르보나라." 중 가장 섹시한 발음이었던 것을 인정함과 동시에, 이태리 남자가 흔히 멸치를 던진다고 하는 여러 문장이 머릿속을 스쳤다. '당신은 어디서 왔나요?, 나는 거기서 살 준비가 되어있어요.' 나는 거기에 레오나르도의 예시를 덧붙였다. '안녕? 나는 이탈리아 남자예요. 내가 당신에게 까르보나라를 해줘도 될까요?.'

레오나르도는 가까운 친구들은 자신을 '리오'라고 부른다며 나에게 그렇게 불러도 된다고 했다. 그리고는 설탕을 바른듯한 눈빛으로 나를 바라보며 이어 말했다.

"저기 바위 있는 곳에 선셋 포인트가 있는데 같이 갈래?" "지금?" "아니, 서두르지 않아도 돼. 너의 레모네이드를 천천히 다 마신 뒤에." "해가 곧 질 것 같은데?" "걱정하지 마. 시간은 충분해."

나는 어느덧 주황빛으로 물들어가는 해를 바라보았다. 해가 바위 쪽으로 지고 있는 것으로 봐서 확실히 저기 어딘가에 선셋포인트가 있을 것 같았다. 잠시 고민하다 아직 날이 밝은데도 사람들이 많이 모여있는 그 곳에 가보기로 했다. 내가 레모네이드를 마신 후, 라부에게 인사를 하고 일어났고 우리는 해변을 따라 함께 걸었다.

15분 정도 해변을 따라 걷는 동안 리오를 관찰했다. 178cm 정도 돼 보이는 키에 상의를 입지 않고 티셔츠를 허리에 감고 있었는데, 전체적으로 슬림하고 비율이 좋앉다. 턱선을 감싸는 수염과 쓸어 넘기기 좋게 길러진 투블럭컷 헤어 스타일은 전형적인 이태리 남자의 외형이었고, 옷을 사서 이것저것 입혀보고 싶을 만큼 분위기 자체가 멋스러웠다. 여행이 길어졌다는데, 그을린 얼굴과 수염이 조금 긴 것 말고는 꾸준히 스타일링을 받아 온 것처럼 전체적으로 다듬어진 느낌이었다. 게다가 리오는 한국 나이로 고작 24살이었는데도 미적으로 느껴지는 남성성이 정말 풍부했다. 이미 자신이 남성으로써 갖출 수 있는 외형적인 매력을 능숙하고 세련되게 다룰 수 있는 것으로 보였다. 타고난 체형에 타고난 발음과 눈빛이 목소리와 하모니를 이뤄, 섹시한 남자의 표본이 살아서 걸어 다니는 것 같았다. 그런데 더 놀라운 것은 나였다. 놀랍게도 나는 리오의 첫인상에서 크게 흥미를 느끼지 않았었다. 리오가 내게 처음 다가왔을 때 나는 그저, '날라리 같은 남자가 왔네.'라고 생각하고 있었다.

리오가 데리고 간 선셋포인트는 정말 아름다운 곳이었다. 찾아온 시간이 아깝지 않을 정도로 내가 그동안 아람볼에서 바라본 일몰 중 가장 아름다웠다. 마치 그림 속 장면처럼, 바위가 만들어낸 프레임에 파란 바다와 붉은 해가 쏙 들어갔다. 우리는 해가 다 사라지기 전에 표면이 날카롭지 않은 작은 바위 위에 서둘러 걸터앉았다. 그리고 붉은 해가 완전히 수평선 아래로 사라지는 순간을 함께 지켜보며 소소한 이야기를 나눴다.

리오는 내가 한국에서 무슨 일을 하는 지와 내 가족들에 대해 궁금해했다. 우리가 대화를 나누는 동안 한 커플이 우리 옆을 지나갔는데 내가 그 모습을 바라보다 말을 멈추자, 리오가 잠시 기다려주었다. 내가 말했다.

"저 커플은 곧 헤어질 것 같아." "왜?" "아니야." 내가 아니라고 하고 말을 돌렸는데, 리오는 내가 어떤 순간을 보았는지 정확하게 알아챈 듯 이렇게 말했다.

"남자가 여자를 기다리지 않아서?" "응. 저 남자는 자신의 여자가 바위를 오르기에 얼마나 위험한 신발을 신고 있는지 전혀 관심에 없어." 나는 너무도 아슬아슬해 보이는 여자의 뒷모습이 내 시야에서 사라질 동안 가만히 있었다.

다시 우리의 대화가 이어졌고, 하늘은 점점 더 아름다운 색으로 물들어갔다. 살랑이는 바람에 잔잔한 파도가 어우러진 이 순간이 로맨틱한 분위기라는 것은 분명해 보였다. 그에 맞게 리오는 대화의 중간에 내 머리카락을 귀 뒤로 넘겨주거나 하는 등의 자연스러운 터치를 하는 것도 빼놓지 않았다.

리오의 스킨쉽은 지금까지 내가 겪어본 남자들이 했던 스킨쉽과는 결이 달랐다. 보통 손을 잡고, 포옹하고, 키스하는…. 서로의 몸이 가까워지기에 어떤 단계가 있다고 생각했는데 리오는 그렇지가 않았다. 일반적인 길을 벗어나 널뛰기 같은 스킨쉽을 했다. 상식이 파괴되고 있는 순간인 것 같았다. 그런데 그게 뭐랄까…. 더 정직하고 순수한 느낌이랄까…? 남들이 정해놓은 단계를 따라가며 도장 깨기를 하는 것이 아니라, 자기가 그 순간에 진짜 만지고 싶은 것을 만지는 것처럼 보였다. 나는 리오의 행동을 관찰하며 '이게 진짜 스킨쉽이 아닐까?' 하는 생각이 들어 고개를 끄덕였다.

해가 완전히 사라져 어두워지고 나면 리오에게 도발할 여지만 주게 될 것 같아, 불쑥 일어나며 이제 가자고 말했다. 나는 우선 리오에게 크게 관심이 없었고, 너무 빤히 보이는 꼬심에 넘어가고 싶지 않았다. 무엇보다 종일 바닷바람을 맞았을 리오의 몸이 끈적이는 느낌이라 그와 스치는 것이 싫었다. 내가 그렇게 불쑥 일어나니, 리오는 충분히 그 뜻을 알아들은 것 같았다. 돌아오는 길에 적당한 거리를 유지하며 걷는 것을 보니 확실히 매너를 지키고 있었다.

돌아오는 길에는 저녁 손님 맞을 준비가 한창인 라이브 카페에서 흥겨운 연주가 흘러나왔다. 우리는 꽤 즐거운 분위기로 걸었다. 그렇게 함께 걷던 중에 리오가 발을 잘못 디뎌 길거리에 버려진 깨진 유리를 밟았다.

큰 상처는 아니었지만 피가 나고 있었고, 가능하다면 빨리 치료해야 할 것 같았다. 나는 그때부터 진심으로 리오가 걱정되기 시작했다. 내가 말했다.

"너 괜찮아? 아파?" "아니 안 아파." "아플 거야. 어떡하지…. 이대로 걸어도 괜찮나…." 리오는 괜찮다고 한 뒤 너무 아무렇지 않게 걸었다. 나는 그런 리오가 걱정되어 재차 팔을 잡아 세웠다. 조심히도, 천천히도 걷지 않는 리오 옆에서 나는 점점 조바심이 나는데, 리오는 기분이 좋은지 연신 괜찮다고 말하며 웃었다. 그리고 이렇게 말했다.

"괜찮다면 같이 저녁 먹자. 내가 잘 아는 이스라엘 식당을 소개해줄게. 내 호스텔에 가서 상처를 확인하고 돈을 가져올게."

리오의 숙소에 거의 다다른 것 같았을 때, 나는 괜히 "내가 지금 너의 호스텔로 가고 있는 거지?"라고 물었다. 그랬더니 리오가 걸음을 멈췄고, 중요한 팁을 하나 알려주는 것처럼 기분 좋게 대답했다. 생전 처음 들어보는 팁이었다.

"걱정하지 마, 이태리 남자는 안전해." 내가 웃음을 터뜨리며 다시 물었다. "이태리 남자가 안전하다고?" "응. 몰라? 이태리 남자는 안전해." "모든 사람이 이태리 남자를 조심하라고 하던데?" "누가 그랬어? 누가 너에게 그렇게 가르쳐줬니?"

웃겼다. 이태리 남자가 안전한지는 모르겠으나, 일 층에서 바로 보이는 리오의 방은 꽤 안전해 보였다. 얼마나 안전한 건지 리오의 방은 창문도 다 열려있었고, 뭘 쓰고, 뭘 하며, 어떻게 사는지 이 호스텔의 게스트들은 이미 다 알고 있을 것 같았다. 내가 한 발짝도 들이지 않고 창문 밖에서 방을 응시하며 말했다.

"와, 네 방 정말 지저분하다." 리오가 킥킥대고 웃으며 말했다. "나도 알아. 네가 좀 도와줘, 여자의 손길이 필요해."

리오가 민망하긴 한 듯, 널려있는 옷들을 정리하고 이불을 펴 침대의 꼴을 만들었다. 나는 여전히 밖에서 창문을 통해 마치 영화를 감상하듯 바라보았다. 완벽하게 잘생긴 유러피안 남자 주인공이 귀신의 집에 들어가 신속하게 청소를 하는 장면이었다. 아무리 기본 세팅이 인도라지만 저건 정말 너무한 것 같았다.

리오가 잘 안다고 했던 이스라엘 식당에 도착했다. 리오가 오니, 주인 아저씨가 나오셨고 친근하게 인사했다. 테이블이 네 개밖에 없는 작은 방 앞에서 신발을 벗고 구석 자리를 찾아 리오가 먼저 가 앉았다. 메뉴판이 없었고, 메뉴는 리오가 대충 설명했다. 내가 어떤 것이 좋겠냐고 물으니 리오는 "너 나를 믿지? 그럼 내가 시킬게."라고 말했다. 나는 속으로, '너는 메뉴 하나를 시키는데도 참, 말을 예쁘게 하는구나?'라고 생각했다. 아무래도 내가 점점 리오의 페이스에 말리고 있는 것 같았다.

주문한 음식이 나오길 기다리는 동안 나는 리오에게 너의 여행 사진을 보고 싶다고 말했다. 나는 누군가의 사진첩을 그렇게 쉽게 볼 수 있다고 생각해본 적이 없었는데, 타쿠미를 만난 뒤 가장 빠르게 상대를 알 방법이 사진을 보는 것이라고 생각했다. 그리고 리오가 보여주는 최근의 사진들을 보며 내가 리오를 바라보는 눈빛이 달라지고 있다는 것을 느꼈다.

리오는 고아에 오기 전, 인도의 여러 지역을 돌며 아이들을 가르치는 일로 발런티어를 했었다고 했다. 리오의 사진첩에는 아이들의 사진으로 가득했고, 리오가 아이들을 얼마나 좋아하는지 느낄 수 있었다. 가족사진을 보여줄 때, 특히 조카의 사진에서 눈을 떼지 못하는 것도 그랬다. 내가 리오의 첫인상에서 느낄 수 없었던 미소, 목소리와 눈빛에 온기가 더해지는 것 같았다.

내 마음이 점점 리오를 향해 열리고 있었다.

충분한 시간이 지나 누룩이 들어있지 않은 큼지막한 이스라엘식 샌드위치 두 개가 나왔다. 하나는 야채 샌드위치, 또 하나는 고기가 듬뿍 들은 샌드위치였다. 리오는 계란과 콩이 기본 재료인 것 같은 담백한 하얀색 소스를 듬뿍 바른 후, 내가 잘 베어 먹을 수 있게 재료들을 정돈하고 내 입 앞으로 가져다주었다.

내가 좋아하는 사람들은 국적을 불문하고 같은 학교에서 배움을 마치고 나온 사람들처럼 비슷한 행동을 했다. 상대를 배려하는 것이 물 흐르듯 자연스러웠고 평가를 받으려고 애쓰지 않았다. 나는 그런 사소한 행동에 나도 모르게 빠져들었다. 사실 리오는 내가 처음부터 반하지 않은 것이 대견할 정도로 내가 섹시하다고 여기는 이상적인 남자의 모습에 가까웠다. 작은 움직임 하나하나가 정제되지 않은 자연스러운 것들이었다. 눈치를 보지 않았고, 불편함 없이 만들어내는 모든 것들이 우아했다. 누구든 리오의 저 눈빛을 일정한 주기로 계속 바라보면 최면에 걸린 듯 반할 수밖에 없을 것 같았다. 나는 둘 중의 하나를 멈추게 하고 싶었다. 저 발음으로 말하는 모든 것을 멈추게 하든, 저 눈빛으로 지긋이 쳐다보는 것을 멈추게 하든, 뭔가 하나는 전원을 꺼야지만 내가 수용할 수 있는 섹시함의 총량을 초과하지 않을 것만 같았다.

이스라엘 식당에서 건강하고도 만족스러운 저녁 식사를 마치고 우리는 나의 호스텔 방향으로 걸었다. 내가 호스텔에 들러 내일 하루 숙박을 추가하고 나와야 할 것 같다고 말했고, 그 참에 아까 리오의 방인 귀신의 집에 제대로 갖춰져 있지 않았던 비상약을 챙겨주고 싶었다. 그 후에는 함께 라이브 음악이 있는 곳이나, 분위기 좋은 펍에서 가볍게 맥주를 마시면 좋겠다고 생각했다.

상점들이 즐비한 아람볼의 메인 거리를 함께 걸었다. 밤이 되면 작은 전구가 반짝이는 거리 한가운데를 지나며 여기 참 예쁘지 않냐고 말하려는데, 리오가 먼저 내 말을 가로채며 말했다.

"손잡아도 돼?" 순간 심장이 두근거렸다.

나는 천천히 리오가 내민 손을 잡았다. 오랜만에 누군가와 손을 잡고 있는 것 같다는 생각이 들었다. 손을 잡고 설레는 느낌도 한참 동안 잊고 있던 일인 것 같았다.

우리가 손을 잡고 걷는 동안, 내가 매일 지나던 거리에서 익숙한 상인들과 눈을 마주치는 순간들이 반복됐다. 나도 모르게 웃음이 났다. 웃는 이유를 궁금해하는 리오에게 내가 말했다.

"너무 달라서. 완전히 달라. 내가 혼자 걸을 때와 너와 함께 걷는 것이 너무 달라. 사람들이 그냥 쳐다만 보고 말을 걸지 않잖아. 내가 혼자 걸을 때 이 사람들이 얼마나 귀찮게 구는지 너는 상상할 수 없을 거야." "너는 나를 렌트해야겠다." "그래 너를 렌트해야겠다."

나는 호스텔에 도착해 하루 치 숙박을 추가하고, 방으로 들어가 리오의 상처에 붙일 밴드와 알콜 스왑을 챙겨 나왔다. 호스텔 마당에서 기다리기로 한 리오가 보이지 않아 두리번거리고 있는데, 금세 나타난 리오가 그사이에 어디서 주먹만한 꽃을 꺾어 와서는 내게 선물했다. 그리고 그 꽃을 내 가방에 직접 예쁘게 달아 주었다.

'와…. 진짜 이태리 남자는 대단하구나. 어떤 여자가 빠져들지 않을 수 있을까? 아니 그사이 저렇게 꽃을 준비했다니까???' 나는 괜히 부끄러워져서 이렇게 말했다.

"이 꽃, 독 있을 것처럼 생겼다."

우리의 다음 스텝으로 가볍게 맥주 한잔할 수 있는 펍에 갈 거라고 생각했는데, 리오는 먼저 방에 가서 상처를 치료하고 싶다고 말했다. 틀린 말은 아닌데 이상하게 다른 생각이 보이는 것 같았다.

나는 그 더러운 방으로 다시 돌아와 침대 끝에 걸터앉은 후, 리오의 상처를 확인했다. 내가 리오에게 말했다.

"먼저 씻고 와. 깨끗하게." 씻으러 간 리오가 3초 만에 화장실에서 나왔다. 내가 째려보며 다시 말했다. "깨끗하게 다시 씻고 와."

리오가 나를 꼬시려고 작정을 해서 그런가 말을 참 잘 들었다. 오랫동안 물소리가 들렸고 리오가 다시 돌아왔다.

소독을 마치고 이 방에 더 남아있을 명분이 없어지자 리오는 가족사진을 꺼내 왔다. 가족사진이 든 앨범과 할아버지 사진이 담긴 액자였다. 이렇게 소중히 챙겨 여행마다 갖고 다니는 것 같았는데, 그렇게 펼쳐놓은 사진들은 정말 꽤 인상적이었다. 아까 창문 너머로 리오의 방을 보았을 때도 선반에 놓인 액자를 눈여겨보았던 참이었다.

나는 가끔 유럽 사람들을 만날 때, 가족을 대하는 태도가 남다르다고 생각했다. 리오도 그랬다. 그냥 편하게 핸드폰에 저장해도 되는데, 저렇게 인화된 사진으로 직접 챙겨 여행을 떠나 온 모습이 참 인상적으로 다가왔다.

앨범에 담긴 사진에는 영화 속 주인공처럼 아름다운 여인이 아기를 안고 있었다. 리오는 엄마가 자신을 안고 있는 사진이라 설명했다. 우리는 자연스럽게 리오의 어린 시절로 돌아가 그때의 추억과 이야기에 잠겨 시간 여행을 했다. 사진은 그런 힘이 있었다. 나는 리오의 방이 얼마나 더러운지도 잊고 그 시간 속 이야기에 빠져들었다.

리오의 어머니는 정말 아름다웠다. 줄리아 로버츠가 가장 아름다웠던 시절의 모습과 비슷한 분위기였는데, 사진으로만 보아도 정말 매력적으로 느껴졌다. 리오가 말했다. "엄마는 나와 같이 살고 있지 않아. 엄마와 아빠는 내가 어릴 때 갈라섰는데, 좀 특별한 케이스였어. 판사가 아빠의 친구였거든. 엄마는 불공정한 판결을 받았고, 우리는 일 년에 아주 가끔만 만날 수 있어." 리오의 사진첩에는 엄마의 사진만큼 아빠와의 다정한 사진들도 많았다. 그 속에서 장난스럽게 웃는 어린이 리오는 정말 사랑스럽고 귀여웠다. 마지막 사진을 넘기고 앨범을 닫은 뒤 나는 리오를 빤히 쳐다보았다. 이제 또 저 입에서 무슨 말이 나올까 궁금했다.

리오가 내게 말했다. "춤추기 좋은 음악을 틀어봐."

그게 무슨 뚱딴지같은 소리냐고 말하려고 쳐다보는데, 리오의 그 섹시한 눈빛과 손짓에 홀려 나도 모르게 서둘러 음악을 찾았다. 심지어 이렇게 물었다.

"빠른 음악 느린 음악?" "네가 좋아하는 음악."

나는 내 핸드폰에 저장된 윈터플레이의 'be my baby'를 틀었다. 몇 초간의 정적 뒤에 핸드폰 스피커 너머로 리듬감 있는 스네어 소리가 들려왔다. 그 리듬에 장난스러운 일렉기타 소리와 기분 좋은 색소폰 소리가 더해졌다. 전주가 흘러나오자 리오가 나를 침대에서 일으켰다.

리오가 나의 스텝을 리드했다. 나는 리오의 리드를 받아 뱅그르르 돌기도 하고 리듬에 맞춰 리오의 팔에 감싸졌다 풀려났다. 우리는 그 좁은 방에서 함께 춤을 추며 웃었다. 우리는 전혀 취하지 않았었는데, 우리가 춤을 추던 그 방이 춤을 추기에 가장 아름다운 곳인 것처럼 느껴졌다. 나는 리오의 웃음 그리고 눈빛과 살결이 모두 완벽하게 부드러워 순식간에 리오에게 빠져들었다. 그 방을 내가 얼마나 더럽게 생각했었는지는 전혀 중요하지 않았다. 남인도의 고아에서 가장 아름다운 밤이 펼쳐지고 있었다.

졸린 눈을 반쯤 뜨고 비치 선베드에 누워 살랑이는 바람을 느끼고 있었다. 이대로 눈을 감아 낮잠을 한숨 자도 되고, 티셔츠를 벗어 던지고 눈앞에 바다로 뛰어들어도 되는, 나른하고 평온한 고아에서의 하루가 시작되고 있었다.

저 멀리 패러세일링을 하는 남자가 보였다. 바람을 타고 활기차게 날아오른 모습에 나도 환호했다. 이 생동감 넘치는 기분을 따라 바다에 들어가야 할 것 같았다. 예쁜 유리컵에 담긴 멜론 주스를 크게 한 모금 빨아들였다.

내가 바다로 뛰어들면 리오가 나를 따라 바다로 들어올 것이다. 그리고 돌고래처럼 자유롭고 유연하게 수영하여 순식간에 내게서 멀어질 것이다. 내가 이 넓은 바다 아래에서 리오를 찾아내고 싶어 두리번거리다 보면 흠뻑 젖은 몸으로 내게 돌아와 나를 안을 것이다. 나를 안아 자신에게 키를 맞추고 파도의 리듬을 따라 섹스하듯 사랑을 나눌 것이다. 내가 옆 선베드에 누워있는 리오를 지긋이 바라보니 리오가 몸을 반쯤 일으켜 달콤하게 키스했다.

리오의 입술 감촉은 정말 놀라웠다. 투명한 유리 표면처럼 매끄러웠고 반쯤 녹아버린 아이스크림처럼 부드러웠다. 나는 리오와 하루 종일이라도 키스할 수 있겠다고 생각했는데, 반갑게도 리오의 제스쳐는 대부분 키스로 이루어져 있었다. 마침 리오가 선베드에서 일어나 내게 키스하며 말했다. "금방 올게."

잠시 화장실을 다녀올 때, 다시 돌아왔을 때, 눈을 3초 이상 마주쳤을 때, 내가 웃음을 멈추지 않았을 때…. 보통 '나 왔어.', '이제 갈까?', '그만', '그거 좋은데.'라고 말할 모든 상황에 리오는 키스를 했다. 리오와 함께 있으면 마치 영화 속 주인공이 된 것 같은 기분이 들었다. 리오는 끊임없이 사랑을 속삭이고, 예쁘다고 말하고, 나의 작은 부분들까지도 찾아내 칭찬했다. 리오의 달콤한 입술이 나를 정말 그런 여자로 만들어가고 있는 것 같았다. 화를 내거나 짜증이 날 틈이 없었다. 아니, 짜증이 나다가도 금세 이런 생각이 들었다. '잠깐만, 공주가 이런 데서 짜증을 내면 안 되잖아?'

이태리 남자를 만나, 태어나 처음으로 공주병에 걸려 보았다.

리오가 돌아와 내게 키스한 후 나른하고 편안한 자세로 다시 누웠다. 나는 다시 책장을 넘겼고, 아이들이 공놀이하며 만들어내는 기분 좋은 소리를 들었다. 그 소리에 더하여, 리오가 어제 우리가 밤새 춤을 추던 노래의 멜로디를 흥얼거렸다.

나는 보던 책을 덮고서 리오에게로 다가갔다. 그리고 밝은 금색이 브릿지처럼 섞여 있는 눈썹과 가지런하고 긴 속눈썹을 살짝씩 건드리며 간지럽혔다. 리오가 그래도 눈을 뜨지 않자, 입술을 삐쭉 내밀고 볼에 여러 번 뽀뽀했다. 리오가 여전히 눈을 감은 채로 웃으며 말했다.

"우리 내일은 바이크를 빌려서 우리 둘만 있을 수 있는 조용한 해변을 찾아보자. 함께 하루 종일 같이 보낼 데이트를 만들어 보는 거야. 어쩌면 돌아오지 않을 수도 있고. 해변 바로 앞에 방갈로를 하나 빌려서 파도 소리를 들으며 누워있는 거야. 낮에는 너무 더우니까 아무것도 하지 말고 영화를 보자. 잊지 말고 너의 아이패드를 꼭 가득 충전해 와야 해. 알겠지?"

나는 마치 예쁜 노랫말을 읊조리는 것 같은 리오의 목소리를 들으며 파노라마를 돌리듯 여러 장면을 상상했다.

가장 아름다운 장면은 바다가 바로 보이는 그리 넓지 않은 방갈로에서 사랑을 나누는 모습이었다. 그 장면의 배경음으로, 그저 바람이 지나는 소리와 파도 소리만을 넣었다. 상상만으로도 금세 행복한 기분이 차올랐다. 리오가 허공에 던지듯 이렇게 말했다. "너에게 최고의 하루를 만들어주고 싶어." 그 말을 들으니 행복이 차지한 마음 한구석에 슬픔이 스며들었다. 리오가 어떤 것들을 생각하고 있었는지 알 것 같았다.

이틀 뒤면, 리오는 고아를 떠나 델리로 간 후, 로마 행 비행기에 오를 것이다. 리오는 지난 한 달 동안이나 고아에 머물렀었는데, 떠나기 이틀 전의 일몰이 찾아온 시간, 어제의 고아 해변에서 나를 만났다.

언제나 그랬다. 여행에서 누군가를 만난다는 것은, 손가락 사이로 빠져나가는 시간의 흐름을 몸으로 느껴보는 일이었다. 하필 여행의 시간에 서로가 만났다면,

서로에게서 매력을 느끼고 더 같이 있고 싶어졌다면, 그때부터는 시간이 세어나 가는 매 순간에 서로에게 최선을 다하는 것이 좋았다.

내가 오일을 바르기 위해 일어나니 리오가 따라 일어나 코코넛 오일이 담긴 병의 뚜껑을 열었다. 스스로 내 수영복을 말아 올리고, 오일을 자신의 양 손바닥에 골고루 편 다음, 목과 어깨를 마사지하며 부드럽게 발라주었다. 내가 스카프로 얼굴을 덮자 리오가 스카프 위로 내 입을 찾아 더듬으며 키스했다. 그리고 마지막으로 내 어깨에 가볍게 키스한 후 다시 선베드에 누워 눈을 감았다.

정말이지 리오는 여자가 설레지 않을 순간을 허락하지 않는 것 같았다. 오랫동안 내 곁에 있었던 사람처럼 자연스러우면서도, 나를 자신에게 끌어당기기에 주저함이 없었다.

나는 고아의 햇볕이 내 살에 모여드는 기분 좋은 따뜻함을 느끼며 오늘 우리의 저녁 식사를 위해 예쁜 옷이 필요할 것 같다고 생각했다.

"이런 느낌의 원피스는 어때요?" 아람볼의 한 옷 가게 직원이 트로피컬 패턴의 원피스를 내게 들어 보이며 말했다. 나는 살짝 웃으며 고개를 저었다. 최대한 촌스럽지 않고 사랑스러운 원피스를 찾고 싶었다. 홀터넥 스타일로 리본을 묶을 수 있어 귀여우면서도, 조금은 야해 보이기도 하는 그런 원피스를 찾고 싶었다. 색도 패턴도 완벽해야 했다. 벌써 몇 군데의 숍을 지나왔지만 내 마음에 합한 원피스를 찾을 수 없었다. 더 지체하면 리오와 만나기로 한 시간에 늦어버릴 것 같아 조급한 마음에 발을 동동 구르고 있었다. 그러던 중에 홀터넥 스타일의 하얀 레이스 크롭탑이 눈에 들어왔다. 나의 노란색 비치 숄을 랩스커트처럼 걸쳐 함께 입으면, 원피스보다도 더 예쁜 한 벌이 될 것 같았다. 나는 충분히 만족스러운 미소를 지으며 가게를 나왔다. 오는 길에 히말라야 제품을 파는 숍에 들러, 향기가 좋은 트리트먼트 하나를 샀다. 어제처럼 리오가 내 머리카락을 쓸어 넘길 때 부드럽게 넘어가고, 리오가 입을 맞추고 숨을 들이쉴 모든 곳에서 향기가 나길 바랐다.

저녁 시간이 되었고 만나기로 약속한 레스토랑 문 앞에서 잠시 호흡을 가다듬었다. 막상 리오를 만나려고 하니 갑자기 부끄러운 생각이 들었다.

이곳까지 오는 모든 과정에 나는 정신이 하나도 없었다. 평소에 잘 보이던 것들도 어디에 둔 것인지 찾을 수가 없었다. 샤워하고, 로션을 바르고, 골라놓은 옷을 꺼내 입고, 화장하는 모든 순간에 최선을 다하려다보니 오히려 허둥지둥 어설펐다. 시간이 어떻게 지났는지도 모를 정도로 설레었는데 막상 도착하고 나니 나 혼자 오버를 한 거면 어떡하지 하는 생각이 들어 선뜻 들어갈 수가 없었다.

내가 레스토랑 안으로 들어서자 리오가 일어나 미소지었다. 내가 보았던 리오와는 또 다른 느낌의 리오였다. 포마드 스타일로 머리를 손질하고, 핏이 좋은 셔츠 티셔츠를 입은 클래식한 남자가 그대로 내게 다가와 키스했다. 나 혼자 오버를 한 것일까 봐 밖에서 지체한 시간이 아까울 정도로 너무 멋있는 남자가 눈 앞에 있었다.

간신히 서로의 입술이 떨어지자, 리오가 내 귓가에 속삭였다. "맘마미아. 너무 아름다워서 정신을 못 차리겠어." 내가 부끄러운 표정을 짓자, 리오가 다시 내 볼에 가볍게 키스한 후 의자를 빼주었다.

내가 자리에 앉아 리오에게 가까이 다가가 속삭이듯 말했다. "늦어서 미안해. 몇 가지 문제가 있었어." "어떤?" "하나는, 내가 이곳으로 오는 길을 잃어버렸어. 나는 길을 찾는 일에 정말 문제가 많거든." "오, 여기로 오는 단순한 길을 잃어버렸단 말이야? 그리고 또 하나는?" "내 속옷 하나를 잃어버렸어. 찾느라 시간을 보냈지만 결국 찾지 못했어." "하하. 그건 내게 전혀 문제가 아닌데?"

리오가 가볍게 입을 맞췄다. 그리고 내 레이스 크롭탑이 정말 마음에 드는지 꿀이 떨어지는 눈빛을 보내며 여러 번 칭찬했다. 주문한 요리가 나오고 서로 마주 보며 식사하는 동안 우리는 테이블 아래로 끊임없이 발장난을 쳤다. 리오의 발이 내 발목과 다리를 스치고 있었다. 우리는 서로를 지긋이 바라보며 지금 당장 서로를 원한다는 사인을 보냈다.
"차오, 크리보 바고리사.라고 말해봐." "차오, 크리보 바고리사!" "하하 잘했어. 그럼 이번엔 차오, 파브로 모리타.라고 말해봐." 리오가 내 인사말을 녹음해 자신의 친구들에게 음성 메시지를 보냈다. 우리가 웃고 떠드는 사이, 따뜻한 레몬티가 나왔고, 차를 마시는 동안 나도 친구에게 보낼 리오의 인사말을 녹음했다.
"자, 날 따라 해봐. 안녕. 그레이스 리, 잘 부탁해." "안녕, 그레이스 리 잘 부탁해." "푸하하, 잘했어."
곧 리오 친구들의 목소리가 시끄럽게 도착했다. 다같이 모여 있는 것인지 정신이 없었다. 리오가 어릴 때부터 함께 자란 친구들이라고 소개하며 함께 찍은 여러 사진을 보여줬는데, 그 중에 화보를 찍다 온 것 같은 사진이 눈에 들어왔다. 모두 수트를 입고 있는 사진이었다. 내가 감탄하며 사진을 가리키니 리오가 살짝 부끄러워하며 이렇게 말했다. "이탈리아 남자에게 수트는 일반적인 거야." 리오를 만나면서도 느낀 것이지만, 아무래도 나는 결혼을 하기 전에 한 번은 이탈리아에서 길게 살아봐야 인생에 후회가 없을 것 같다는 생각이 들었다.

우리는 오늘의 하루를 마무리하며 내일 우리만의 여행을 위해 바이크를 예약했다. 그리고 함께 나의 호스텔로 걸어가며 우리의 마지막 여행을 언제 시작하면 좋을지 논의했다. 내일 아침 9시에 나를 데리러 오겠다고 말하는 리오에게 내가 눈을 가늘게 뜨고 말했다. "정말 내일 9시에 일어날 수 있겠어? 그냥 10시에 만나는 게 어때?" "알겠어. 그럼 9시 반에 만나."
내가 리오의 목에 팔을 감고 헤어지기 싫어 칭얼대며 말했다. "조심히 가고, 잘 자." 리오는 나의 홀터넥 리본을 만지작거리며 한참을 아쉬워했다. 우리는 서로 깊게 키스했다. 리오가 마지막으로 "잘자, 내 사랑. 내일 만나."라고 말했고 우리는 헤어졌다.
그것이 우리의 마지막 키스였다. 내일은 없었다.

내가 실연의 아픔으로 울고 있을 때, 나의 단골 식당에 사랑스런 바네사가 찾아왔다.
　엄지 공주처럼 작고, 말소리가 어린 새의 목소리 같으며, 현악기 연주를 좋아하는 타이완 소녀였다.
　내가 바네사에게 말했다.
　"바네사야 우리 클럽 갈래?"
　사랑스런 바네사가 숲속에서 들려오는 것 같은 목소리로 말했다.
　"아니."

내가 식당의 바닥을 데굴데굴 구르며 괴로워하니
바네사가 어린 새의 목소리로 말했다.
"조이, 심호흡을 크게 해보자. 들이쉬고- 뱉고-."
나는 바네사의 말대로 자세를 바로 하고 앉았다. 눈을
감고, 내 안에 들숨과 날숨이 지나가는 소리를 들었다.
훨씬 차분해지는 것 같았다.
그리고 천천히 들숨과 날숨의 호흡으로 나눠 말했다.
"후- 바네사야, 후- 정말클럽안갈래?"

==매일 아침 사람들로 북적이는 '해피 바나나'에서 앉을 공간을 찾고 있었다.== 긴 의자에 샐러드 볼을 든 사람들이 다닥다닥 붙어 앉아있었다. 마침 한 사람이 일어나 내가 앉을 자리가 생겼지만, 보리스가 오면 어디에 앉아야 하나 난감해하던 중이었다. 마침 보리스가 들어왔고 내게 인사했다.

우리는 샐러드 볼 하나씩을 시켜 가까이 붙어 앉았다. 내가 말했다. "여기는 왜 이렇게 항상 사람이 많은 거야?" "글쎄. 과일이 신선해서?" "너도 매일 아침에 여기에 와?" "응 거의 매일 오지." "고아에 올 때마다 항상?" "응." "너의 단골집이라면 믿을 만한 곳이네."

보리스는 매년 이 시기가 되면 고아에 와서 휴가를 즐기는 러시아 사람이자, 내가 고아에서 처음 사귄 친구이기도 했다. 내가 고아 공항에서 죽치고 앉아 택시 기사들과 대치하고 있었을 때, 보리스와 홀랜드 여자가 내 앞을 지나갔고, 셋이 함께 택시를 쉐어했었다. 보리스의 직업은 테라피스트로 보리스의 눈빛과 말투, 몸가짐 하나하나가 보리스의 직업을 설명했다.

보리스는 내게 오늘 무엇을 하며 시간을 보낼 거냐고 물었다. 특별한 계획이 없다면 자신이 가는 테라피 수업에 같이 가보지 않겠냐고 말했다. 내가 좋다고 말하니 보리스는 한번 더 내게 물었다. 내가 말했다.

"응. 흘러가 보지 뭐."

함께 수업을 찾아가는 길에 내가 보리스에게 물었다. "아까 샐러드 볼을 들고 기도하는 걸 봤어. 종교가 있어?" "나는 내 안에 있는 신을 믿어. 종교는 없어. 나는 종교를 아주 싫어해. 내 안에 나로 충만한 신께 감사하지."

보리스가 데리고 간 테라피 수업은 난이도가 있는 편이었다. 난이도라고 하는 것은, 이런 식의 테라피와 명상 수업을 미리 접해보지 않은 사람이라면 당황할 만한 수준이라는 것을 의미했다. 아람볼 구석구석에는 이런 식의 수업들이 정말 많았다. 요가, 테라피, 명상, 옵아트, 사이 트랜스 뮤직…. 히피들이 만들어 놓은 문화에는 그들이 세운 분명한 정의의 '치유'가 있었다. 이것을 '치유'라 동의하는 사람들이 모여 예술과 의식주를 비슷한 지점에 맞추고 살아갔다. 전 세계에 그렇게 만들어진 유토피아가 여럿 있을 텐데, 그 중에 대표되는 곳 중 하나가 바로 북부 고아 아람볼이었다.

사실, 내가 고아를 방문하려고 했을 때 기대했던 것들은 이런 것이 아니었다. 나는 그저 바다와 클럽이 있는 곳에서 자유롭게 휴가를 즐기고 돌아가야지, 라고 생각했을 따름이었다. 잘못 왔다. 그러려면 아람볼 해변이 아닌, 안주나 해변으로 갔어야 했다. 내가 아람볼에서 클럽과 파티를 찾을 때마다 현지에 사는 친구들은 너는 왜 여길 왔냐고 되물었다. 술을 많이 마시는 사람도 없었다. 대부분 바네사나 보리스 같았다. 하지만, 농담을 거두고 생각해보았을 때 결론적으로 나는 아람볼에 온 것이 좋았다. 이들이 말하는 치유와 행복, 삶의 방식과 예술을 유심히 관찰하는 것이 내게는 좋은 경험이었다.

보리스가 내게 다가왔다. 파트너가 있어야 진행할 수 있는 수업이라 내게 손을 내밀었다. 내가 웃으며 나만의 시간을 보내도 되냐고 물었고 보리스는 흔쾌히 돌아가 다른 짝을 구했다. 나는 방석을 조금 뒤로

하고 나만의 공간을 만들었다. 잠시 뒤 음악이 나오고 모두가 자유롭게 몸을 움직였다.

내가 고아에 와서 가장 빨리 적응한 것이 있다면 춤이 꼭 아름답지 않아도 된다는 것을 연습한 일이었다. 음악에 맞춰 자연스럽게 몸을 움직여 보는 일이 얼마나 여러 형태로 나타날 수 있는지를 경험할 수 있어 좋았다. 나는 이들과 어우러져 자유롭게 몸을 움직였다.

파트너와 함께 명상하는 시간이 되었고, 둘씩 짝을 이룬 남녀는 기묘한 자세를 만들어 서로의 몸에 밀착했다. 강사 선생님이 안내한 대로 상대방 안에 있는 우주를 느끼는 과정이었다. 편안한 음악이 흘러나왔고 나는 이들에게 방해가 되지 않도록 방석을 조금 더 뒤로 밀었다.

나는 떠오르는 생각들을 빠르게 글로 옮기기 시작했다. 내 안에 삐걱대는 무언가가 고개를 내밀었다 금세 사라진 것 같았다. 오랜만에 조용한 시간이 주어졌고, 나의 상한 마음이 어떤 연속적인 문장들을 만들어냈다. 손이 다 따라가지 못할 정도로 빠르게 써내려 가는 동안 어느새 수업의 전반부가 끝나 사람들이 움직이기 시작했다. 수업료가 하나도 아깝지 않을 만큼 나에게도 좋은 시간이었다.

나를 지켜보았는지 어떤 이가 수업을 떠나며 내게 경고하듯 말했다. "너는 여기 오지 말았어야 해." 나는 보리스에게 난처하게 웃으며 먼저 간다고 말한 뒤 그곳을 나왔다.

나는 이들이 추구하는 건강한 삶의 방식에 어떤 부분은 동의하고 어떤 부분은 동의하지 않았다. 이들 중에는 훌륭한 예술가도 많아서 그 수준도 굉장히 높았지만, 나에게는 그것들 역시 어떤 것은 아름다웠고 어떤 것은 아름답지 않았다. 내가 이들에게 배우고 싶은 중요한 태도 중 하나는 자연스러움이었다. 어떤 것을 옳고 그름으로 구분하지 않고 스스로가 신도 되고 뱀도 될 수 있는 저들의 장점은 열린 마음이었다.

이들의 눈빛은 상대방에 대한 열린 마음이 언제나 준비되어있는 사람들 같아 보였다. 그래서, '너는 여기 오지 말았어야 해.'라는 말이 기대밖이라 조금은 씁쓸했다.

다 알 수 없지만, 나는 그들이 만들어 놓은 형식이 어떤 부분에선 이미 종교가 되어버린 것은 아닐까 하고 생각했다. 이들은 자신들이 정해놓은 형식을 따라 치유에 도달해야만 했다. 이들 스스로 자신들의 세상과 그 밖의 세상 사이에 벽이 존재한다고 여긴다는 사실을 보리스와의 대화에서도 적잖게 느낄 수 있었다.

이곳에 치유를 받기 위해 찾아오는 사람들이 많고, 실제로 인생의 답을 찾은 사람도 적지 않았다. 하지만 무엇인가 작은 모순이 있었다. 마침 내가 선 경계에서 조금의 틈이 열렸고 모순이 보였다.

아람볼은 그런 곳이었다. 그저 여느 바닷가와 같은 그런 평범한 해변 마을은 아니었다. 나는 아람볼의 구석구석을 돌아보며 아름다운 것과 아름답지 않은 것, 건강한 것과 건강하지 않은 것의 사이를 지나며 지냈다.

트로피컬 게스트 하우스, Goa, India.

느지막이 일어나 커튼 밖으로 새어 나오는 기분 좋은 아침 햇살을 맞았다. 빗방울이 떨어지는 촉촉한 아람볼의 공기는 어떨까 궁금할 정도로, 내가 아람볼에 머무는 동안 쨍한 날씨가 이어졌다. 하루 정도는 비가 온다 해도 좋을 것 같은데. 아무래도 비는 보지 못하고 떠나게 될 것 같았다. 고아에 머무를 수 있는 딱 이틀의 시간이 남아있었다.

공용 테이블에 놓아둔 쿠키 하나를 집어 입에 넣었다. 다들 아침 일찍 일어나 나간 것인지 모든 침대가 텅 비어있었다. 나는 오랜만에 혼자 남은 도미토리에서 허공에 팔을 저으며 스트레칭을 했다. 어깨를 풀고 목을 당겨주며 침대 난간과 배낭 근처에 흩어져 있는 소지품들을 눈으로 훑었다. 정리가 필요할 것 같았다. 기분 좋게 한 바퀴 돌아 어제 빨아 널어둔 옷들을 걷었다. 그리고 나의 풀색 배낭을 열어 파우치를 꺼내려다 그 옆에 아무렇게나 처박아 둔 옷 하나를 집어 올렸다. 기분 좋은 웃음이 사라지고 순식간에 속상한 마음이 차올랐다. 내 손에는 레이스로 된 흰색 크롭탑이 쥐여져 있었다. 며칠 전 이걸 입고 행복했던 기억이 겹쳐 더 마음이 상했다. 작게 혼잣말을 했다. "최고의 하루를 만들어주고 싶다더니."

옷들을 파우치에 넣어 두고, 공용 욕실에 둔 샴푸 바의 틴 케이스를 괜히 한 번 더 닦았다. 샤워볼을 괜히 물에 헹군 뒤 물기를 빼 걸어두고, 공용 테이블을 닦기 위해 휴지에 물을 묻히고 돌아섰을 때, 테이블에 놓인 핸드폰에서 문자 알림 하나가 왔다.

'나 노란색 티셔츠를 입고 갈게.' 함께 브런치를 먹기로 약속한 상대에게서 온 메시지였다.

내가 인도로 여행을 간다고 했을 때, 친구가 추천해준 앱이 있었다. 인도는 위험할 수 있으니 되도록 친구를 만들어 함께 다니라고 추천한 앱이었다. 여행자들끼리 아파트를 쉐어하거나, 이벤트를 만들어 공유할 수도 있었다. 어제 저녁, 앱을

켜고 이것저것 대충 살펴보는데, 아람볼은 그리 넓지 않아 그런 것인지 별로 재미 있는 이벤트가 없었다. 흥미를 잃고 앱을 종료하려 했을 때, 어떤 이의 지난 이벤트가 눈에 들어왔다. 아람볼에서 타투 스튜디오를 운영하는 사람의 소개 글이었다.

호스텔을 나와 아람볼의 메인 거리를 걸었다. 독특한 향이 피어오르는 인센트 가게를 지나고, 오늘도 어김없이 북적이는 해피 바나나를 지나고, 유독 호객행위가 심한 가죽 공예품을 파는 가게와 여러 옷가게를 지나면 내가 가장 좋아하는 단골 식당 골목이 나왔다. 식당 문 앞에 들어서자마자 노란색 티셔츠 입은 남자를 찾기 위해 두리번거리니, 계산대 근처에 앉아계신 인도 아저씨가 샛노란 티셔츠를 입고 빈 자리를 가리켰다. 나는 애써 그 눈을 피해 내가 매일 앉던 좌식 테이블 자리로 가 방석을 빼고 앉았다.

잠시 후, 식당 문 바깥에서 누군가가 대화를 나누는 소리가 들렸다. 그 곳에는 스냅백을 뒤로 돌려쓴 피지컬이 좋은 남자가 빛 바랜 개나리색 무지 티를 입고 서 있었다. 곧 그가 식당으로 들어왔고 나를 보며 미소지었다.

나는 그에게 저기 앉아계신 나이 많은 아저씨가 노란색 티셔츠를 입고 계셔, 그냥 갈 뻔했다고 말했다. 그가 웃었고 기분 좋게 말했다.

"반가워."

우리는 첫눈에 서로가 호감이라는 것을 알았다. 어색하게 웃고 있었지만, 서로에게서 눈을 떼지 않는 표정이 말해주었다. 나는 그의 자유분방한 분위기에 사로잡혔다. 수염과 단발에 가까울 정도로 길러진 헤어스타일이 카키색 스냅백에 정말 잘 어울렸다. 군데군데 드러난 모던한 디자인의 만다라 타투와 차분한 말투도 잘 맞아떨어졌다. 분명, 감각이 예민하고 아티스트의 감성을 갖고 있는 사람처럼 보였다. 나는 그에게서 느껴지는 나와의 교차점들을 빠르게 찾아갔다.

그의 이름은 소남이있다. 네팔 사람으로, 정확하게는 부탄이 고향이라고 했다. 내가 신이 나서 말했다.

"나, 부탄에 정말 가보고 싶었어! 인도를 오기 전에 부탄에 갈 방법을 찾아봤었는데, 외부인의 출입에 엄격하더라. 정말 신비롭고 알고 싶은 나라야. 언젠가 꼭 가고 싶어." "고마워. 맞아 멋진 곳이야."

소남은 한국의 음악과 패션에 관심이 많다고 했다. 매년 여행을 나와 느끼지만 분명 예전보다 한국의 패션에 대해 언급하는 외국인이 늘어나고 있었다. 패션은 이미지 중심의 문화를 가장 직관적으로 표현하는 것으로, 패션을 좋아한다고 말하는 것은 한국의 일상 문화가 외국인의 눈에 읽히고, 받아들여지고 있다는 것을 의미했다. 나는 그럴 때마다 어깨가 으쓱했다.

내가 소남의 노란 무지 티에 스며든 잉크 자국을 가리키며 말했다.

"타투 하다가 묻었구나?" "오, 어떻게 알았어? 내가 타투를 한다는 걸…." "네가 그 이벤트에 꽤 자세하게 적어 두었던데?" "아하, 그랬구나. 오래전에 적어둔 거라 잊고 있었어."

소남은 한 지역에 일정 기간 머무르며 지역 아티스트와 협업해 타투 스튜디오를 하는 것으로 여행을 이어가고 있다고 했다. 소남이 이어서 말했다. "고아에는 아티스트가 정말 많아. 너처럼 그림을 그리는 사람들이 모여 지내는 호스텔도 있고." "정말? 그런 곳이 있다는 건 몰랐어." "넌 어제 내가 말한 친목 파티에 왔었어야 해. 멋진 아티스트들이 많이 왔었는데." "또 열어 줘. 오늘 열어 줘" "나의 굿바이 파티였는 걸."

소남은 나와 같은 날 고아를 떠날 것이라고 말했다. 내가 이른 새벽에 공항으로 떠나고 나면, 소남은 오토바이를 타고 고아의 반대 방향으로 긴 여정을 떠날 예정이었다. 내가 혼잣말을 하듯 조용히 말했다. "곧 다시 굿바이를 하겠구나." 소남이 내 말에 귀를 기울인 듯 이렇게 말했다.

"누군가와 굿바이를 했었어?"

나는 리오를 떠올리며 입술을 깨물었다. 내가 빨대를 들어 컵에 담긴 얼음을 톡톡 건드리며 리오에 대해 이야기했다.

"사실, 굿바이도 하지 못했어. 그냥 사라져버렸거든." "고아에서?" "응. 며칠 전에." 소남이 가만히 다음 말을 기다렸고, 내가 이어 말했다.

"고아에 와서 며칠 지내는 동안 한 이탈리안 남자를 만났어." 소남이 흥미롭다는 듯 고갯짓을 하며 물었다. "그에게 빠졌어?" "응 완전히. 나에게 화가 날 정도로 단 이틀 만에 빠졌어." "그런데?" "우리는 함께 좋은 시간을 보냈는데⋯. 결론은 좋은 남자가 아니었어." "그가 너에게 어떻게 했는데?" "다음 날 만나기로 약속하고 헤어졌는데 그 뒤로 연락이 되지 않았어. 너도 알잖아, 고아의 와이파이가 얼마나 끔찍한지. 나도, 그 사람도 여기서 핸드폰이 잘 작동하지 않았어. 그래서 시차가 있기는 했지만⋯. 그는 내 연락을 받았고 확인도 했어. 답장하지 않았을 뿐⋯. 그래도 기다리면 결국엔 나에게 올 줄 알았어. 그는 그렇게 고아를 떠났어."

내가 속이 상해 더는 말을 잇지 못하자 소남이 차분히 탄산수를 한 모금 마시며 시간을 벌어주었다. 내가 이어 말했다.

"사실, 나는 그 뒤로 힘든 시간을 보냈어. 적어도 끝을 알려주어야 하는 거잖아⋯. 너무해. 나쁜 남자를 만났어." 내가 잠시 말을 멈추고 생각을 이어가다 혼란스럽다는 듯 다시 말했다.

"지금도 그가 이해되지 않아. 전날 밤에 우리는 바이크를 예약하기 위해 숍을 두 군데나 돌았어. 왜 그랬을까. 그렇게까지 하지 않아도 되었을 텐데⋯."

소남이 팔짱을 끼고 말없이 나를 바라보고 있었다. 내가 어떤 말을 해서 마무리를 지어야 할 것 같은데 어떤 말도 떠오르지 않았다. 나는 여전히 리오가 그리웠고, 그의 행동을 이해하고 싶어 계속 지난 시간의 마디를 더듬었다. 내가 생각보다 리오를 많이 좋아했다는 것에 놀랐고, 이 짧은 만남이 가볍게 웃고 마무리 지어지지 않아 나는 계속 당황스러운 기분을 느끼고 있었다.

다행히도 그 순간 나의 기분을 환기해줄 익숙한 누군가가 식당으로 들어왔다.

내가 한 손을 번쩍 들어 반기며 말했다. "바네사! 잘 지냈어? 이쪽으로 와."

사랑스러운 바네사가 우리가 있는 테이블로 와 앉았다. 그리고 곧이어 약속이라도 한 것처럼 보리스가 들어왔다.

그동안 고아에서 만난 지인들이 내가 좋아하는 단골 식당에 모두 모이자 너무 신이 났다. 보리스가 내 옆으로 와 앉았고, 나는 인사를 나눌 수 있도록 서로를 소개했다. 간단한 인사를 마치고 다 함께 점심 식사를 주문했다. 나와 보리스는 스시롤을, 바네사는 난과 치킨 마살라를, 소남은 닭가슴살 스테이크를 골랐다. 음식을 기다리는 동안, 방금까지 곱씹었던 슬픔은 어느새 잊혀지고 즐거운 분위기에서의 편안한 대화가 이어졌다. 소남이 보리스에게 나를 어떻게 만난 것인지 물었고 보리스가 말했다.

"내가 고아 공항에서 택시를 타러 가는 중이었는데 갑자기 누가 튀어나와서는 내 팔을 이렇게 막 붙들었어. '잠깐만!! 너희 어디가니?! 나도 같이 쉐어하면 안 될까?!!'이러면서. 그게 조이야." 보리스의 실감 나는 묘사에 모두가 웃었다. 그땐 몰랐었는데 보리스가 흉내 내는 나를 보니 마치 좀비 같았다. 내가 민망한 듯 웃으며 말했다. "하하 미안. 내가 좀 간절했어."

우리의 대화는 각 나라의 음식 문화로 넘어갔다. 네팔에는 특별한 음식이 없다며 소남이 물러났고, 바네사도 딱히 음식에 대해 목소리를 내지 않았다. 나와 보리스가 남았는데 러시아의 포스에 손을 들어주기로 했다. 보리스가 말했다. "우리는 보드카로 시작해서 보드카를 마시고, 보드카로 디저트를 한 후, 보드카를 마시러 가."

여럿이 모여 다양한 이야기가 오가니 각자 따로 만날 때와는 또 다른 모습을 볼 수 있어 좋았다. 나는 보리스가 이렇게 웃긴 줄 몰랐었다. 그리고 소남의 눈빛은 누구와도 섞이지 않을 만큼 특별하게 내게 와 닿았다. 음식이 나오자 소남은 자신의 스테이크를 작게 썰어 내가 편히 먹을 수 있도록 포크의 방향을 내 쪽으로 돌려 두었다.

식사가 어느 정도 마무리될 때쯤 바네사가 우쿨렐레를 꺼냈다. 바네사의 사랑스러운 연주가 끝나고 우리는 박수갈채를 보냈다. 내가 소남과의 대화에 집중하는 동안 보리스가 노래를 부르며 우쿨렐레를 연주하고 있었고, 보리스의 노랫소리가 더 커졌을 때, 그제야 우리는 다 같이 팡파르를 울렸다.

즐거운 식사를 마치고 바네사와 보리스가 다음 약속이 있다며 자리를 비켜 주었다. 소남이 즐거운 분위기에 이어 내게 물었다.

"오늘 뭘 하며 시간을 보낼 거야?" "글쎄, 나는 한국으로 가기 전에 한 번이라도 태닝을 더 해야 할 것 같은데?" "같이 하자. 내 오토바이를 타고 건너편 해변으로 가서." "좋아." "먼저 스튜디오를 들른 후에."

소남의 스튜디오는 식당 바로 맞은편에 위치한 분위기 좋은 카페의 안쪽에 마련되어 있었다. 유리 부스로 되어있어 밖에서 안을 투명하게 바라볼 수 있었고, 작은 소품들로 잘 꾸며져 있었다. 내가 소남과 함께 카페 안으로 들어가자, 소남과 협업하는 타투이스트와 디제이 친구들이 내게 인사했다. 소남은 자신의 친구들을 한 명 한 명 내게 소개해주었다. 그들과의 간단한 대화를 마치고 우리는 카페를 나왔다. 그리고 각자 필요한 소지품을 챙겨 이곳에서 다시 만나기로 했다.

나는 호스텔에 도착해 수영복으로 갈아입고, 바디백에 코코넛 오일을 챙겨 넣었다. 수영복 위로 트로피컬 패턴의 셔츠를 걸치고, 거울을 보며 긴 머리를 러프하게 쓸어넘겼다. 소남과 함께 가볼 새로운 해변이 마음에 들었으면 좋겠다고 생각했다.

내가 다시 소남이 기다리고 있는 그 카페에 들어섰을 때, 문 앞에 앉아 있는 익숙한 뒷모습이 눈에 들어왔다. 설마 그럴 리가 없다고 생각했는데 통화하는 목소리를 들으니 믿을 수 없게도 맞는 것 같았다. 심장이 쿵 하고 내려앉았다. 여기에 있다는 것을 이해할 수 없는, 진작 로마로 떠났어야 하는 사람.

리오였다.
나는 리오를 지나쳐 그대로 소남의 스튜디오로 걸어 들어갔다. 내가 들어가니 소파에 누워있던 소남이 웃으며 일어났다. 그리고는 테이블에 놓인 오토바이 키를 집어 수영복 바지 주머니에 넣으며 내 어깨에 가볍게 팔을 얹었다.
나는 이대로 빨리 밖으로 나가고 싶었다. 나의 표정을 감추고 소남 옆에서 웃으며 리오를 다시 지나치고 싶었다. 그렇게 보이고 싶었다. 리오가 나를 바람맞혔을 때, 하루종일 기다린 적 없는 것처럼. 여행 중 잠깐 스쳐 간 사이에 심각할 게 뭐가 있냐고 내가 생각하길 바랐던 그모습 그대로, 리오에게 보여주고 싶었다.

내가 소남과 밖으로 나가니 리오가 나를 보고 있었다. 내가 나오기를 기다리고 있었던 듯 정면으로 나를 응시했다. 나는 리오가 비겁하게 눈을 피할 줄 알았는데 소남에게는 눈길도 주지 않고 나를 똑바로 보고 있었다. 오히려 내가 눈을 피해버릴 뻔했다. 그대로 무시하고 지나치려는데 리오가 내 팔을 붙잡아 세우며 말했다.
"잘 지내? 넌 좋아…?" 내가 대답했다. "응 좋아. 왜?" 나는 좋지 않을 이유가 뭐가 있냐는 듯 우스운 제스쳐를 하며 리오를 쳐다봤다. 그런 나에게 리오가 다시 말했다.
"난 전혀 좋지 않아."
그렇게 말하고는 나를 놓아주고 바쁘게 울려대는 전화를 받았다. 나는 리오를 지나쳐 밖으로 나왔다. 뭔가 많은 것들이 잘못된 것 같다는 생각이 들었다. 그중에서도 가장 잘못된 것은 나인 것 같았다.

나의 멍한 표정에 소남 역시 그리 밝지 않은 표정을 지으며 물었다.
"괜찮아?" "응." 내가 허공을 응시하며 대답했고 나를 물끄러미 바라보던 소남이 이어 말했다.
"저 사람이 네가 말한 그 남자지?" "응." "뭔가 문제가 있어 보이던데."

나는 말 없이 소남의 오토바이에 먼저 올랐다. 머릿속은 온통 리오로 가득했지만 소남과 조용한 해변을 찾아 함께 태닝을 하고, 바다에 뛰어들어 수영도 했다. 하지만 모든 순간에 나는 리오의 마지막 말과 나를 보던 눈빛을 되짚고 있었다.

소남이 나의 호스텔 앞에서 오토바이 시동을 껐다. 나를 내려주며 내일의 약속을 한 뒤, 자신의 아파트로 돌아갔다. 나는 방으로 들어와 수영복을 벗지도 않은 채 그대로 의자에 앉아 핸드폰을 열었다. 그리고 리오에게 메시지를 보냈다.
-미안해.
답장이 왔다. 사진이 포함된 긴 글이었다. 리오는 이미 지나버린 오늘 비행편 E-ticket 사진을 한 장 보내며 자신이 로마로 돌아가야 하는 일정에 여러 문제가 생겼었다고 설명했다. 그것을 해결하기 위해 정신이 없었고 나를 그렇게 대한 것에 미안하다고 했다. 나도 답장을 보냈다.
-나는 너에게 무슨 일이 일어난 건 아닌지, 네가 괜찮은 건지 진작 물었어야 해.
우리는 잠시 미리 나눴으면 좋았을 말들을 메시지에 담았다. 안부를 묻고, 걱정하고, 일이 잘 마무리되기를 바라주었다. 짧았지만 그래도 '잘 가.'라는 말을 하고 나니 그제야 무언가 마무리가 되었다는 생각이 들었다. 나는 그런 리오에게 마지막으로 이렇게 덧붙였다.
-나는 너와 함께 있어서 고아에서 정말 행복한 시간을 보냈어. 고마워.

* *

유난히 쨍하고 상쾌한 아람볼의 아침, 나를 데리러 온 소남이 아침으로 도사를 먹으러 가자고 말했다.
"도사가 뭐야?" "오, 너는 인도에 있는 동안 대체 뭘 먹으면서 산 거야?"
내가 익숙하게 소남의 오토바이에 올랐고 우리는 곧 고소한 호두과자 냄새가 가득한 작은 식당에 도착했다. 소남이 그린 도사 하나, 치즈 도사 하나를 시켰다. 테이블에 올려진 도사는 얇은 크레페를 노릇하게 구워, 세 번 정도 말아 놓은 모양이었다. 쌀가루와 콩을 갈아 넣은 반죽으로 부드러우면서도 바삭한 식감이 아침으로 먹기에 좋은 것 같았다. 그린 도사는 반죽에서 은은한 파래 향이 났고, 치즈 도사는 속에 감자 무스와 치즈가 얇게 발라 있었다. 내가 맛있다며 잘 먹으니 소남은 이것도 인도에서 조식으로 흔히 먹는 것 중 하나라며 또 다른 메뉴를 시켜 주었다.

이들리라고 불리는 동그란 빵이었는데, 앙꼬없는 하얀 호빵 같은 것이 우리나라의 술빵과 비슷한 발효된 쌀 향이 났다. 함께 나온 소스 중 하나인 코코넛 밀크에 푹 찍어 먹으니 고소하고 담백하게 궁합이 잘 맞아 그 역시 맛있었다.

잘 먹는 내 모습을 흐뭇하게 지켜봐 주던 소남에게, 내가 말했다.

"한국 음식 먹어본 적 있어?" "아니." "한국 음식 정말 맛있는데." "내 친구 아파트에 주방이 있는데 거기서 요리해볼래?" "정말?! 우리가 사용해도 돼?" "응 당연하지." "나 벌써 너무 행복해. 아람볼에서 한식이 너무 그리웠어. 내가 한국 라면 맛을 보여줄게. 놀라울 거야" "그래, 오늘 저녁에는 내 친구들과 함께 저녁을 먹자. 네가 우리에게 한국 라면을 소개해줘." "오예 신난다!"

만족스러운 인도식 아침을 마치고, 우리는 함께 라부의 비치 카페로 갔다. 라부가 선베드 두 개를 붙여 우리가 가깝게 있을 수 있도록 만들어 주고는 윙크를 남기며 제자리로 돌아갔다. 우리는 함께 선베드에 누웠고 느긋한 오후를 보냈다.

온몸에 달달한 코코넛 오일을 바르며 볕을 즐기다 한바탕 물놀이를 마치고 돌아와 낮잠을 잤다. 서로 잠에서 깨어 기분 좋은 나른함에 젖어있을 때, 내가 소남을 물끄러미 바라보며 이렇게 물었다. 어제 묻고 싶었지만 묻지 않았던 말이었다.

"어제, 내가 너의 핸드폰과 지갑을 모두 내 가방에 넣은 채로 사라졌을 때 왜 놀라지 않았어…?" "네가 돌아올 걸 알았으니까." "너에게 호스텔에 다녀오겠다고 문자를 남겼는데 너의 핸드폰과 지갑이 모두 나한테 있어서 나는 얼마나 숨차게 뛰어갔는지 몰라." "뛰지 않았어도 됐는데." "걱정되지 않았어? 내가 다 훔쳐 갔을 수도 있잖아."

내 심각한 표정이 웃기는지 소남은 그저 킥킥 웃었다. 소남은 웃었지만 나는 진지했고, 이해하고 싶었다. 내가 이어 말했다.

"네가 나를 얼마나 봤다고." 소남이 나와 눈을 맞추며 대답했다. "나는 이미 너를 좋아해. 너의 상식과 상관없이."

나는 잠시 말을 멈추고 공백을 가졌다. 소남의 말이 진심으로 느껴졌지만 하나도 이해가 되지 않아 내가 다시 이어 물었다.

"어떻게 그럴 수가 있어? 만난 지 하루밖에 되지 않았는데 어떻게 나를 의심하는 게 먼저가 아니라 믿는다는 생각이 먼저 들 수가 있어?" 소남이 나를 빤히 바라보며 말했다.

"너는 아마 나를 이해할 수 없을 거야." 그리고 이어서 마지막으로 이렇게 말했다.

"나는 머리가 아니라 마음으로 너를 대해. 너를 사랑하는 사람들의 진심을 놓치지 마."

우리는 석양이 질 때쯤 아람볼 해변에 펼쳐지는 비치 마켓으로 걸어갔다. 누군가 손수 만든 쿠키, 목걸이와 반지, 드림캐처와 엽서, 담배 케이스와 파이프 등 없는 것이 없는 마켓이 해변을 따라 끝없이 길게 이어졌다. 소남은 열심히 무언가를 스케치하는 아티스트 앞에 멈춰 그가 펼쳐놓은 작품 중 스티커를 집어 들었다. 소남이 말했다.

"나는 사실 스티커 컬렉터야. 스티커만 보면 다 사고 싶어. 어떤 게 마음에 들어? 네가 골라봐." "이것도 멋지고, 이것도 좋다. 우와! 이건 어때?"

주황빛이 온 아람볼의 해변을 감쌌고 바다를 마주 보며 펼쳐진 비치마켓 주위에는 점점 더 다양한 사람들이 모이기 시작했다. 나는 그들이 각자만의 실루엣으로 움직이며 만들어내는 에너지가 좋아 행복한 웃음을 지었다.

어떤 이는 긴 막대기를 갖고 모래사장을 스케치북 삼아 큰 만다라를 그리고 있었다. 그 옆으로 다른 이는 처음 보는 악기를 갖고 나와 석양에 어울리는 멜로디를 연주했다. 저 멀리서 들려오는 또 다른 악기와 합을 맞추지 않았을 텐데도 파도의 리듬과 석양의 색을 닮은 연주들이 아름답게 어우러졌다.

옥수수 굽는 냄새가 고소하게 퍼져나갔다. 어린 남매가 옥수수를 숯 위에 올리고, 온 사방에 재가 날릴 정도로 힘차게 부채질을 하며 굽고 있었다. 나는 그 앞에 서서 소금은 말고 레몬만 원한다고 말했다. 그렇게 말하면 반 원의 작은 레몬 조각을 옥수수에 문질러 즙을 짠 후, 하얀 옥수수 이파리를 접시처럼 감싸 건네주었다. 나는 충만한 행복으로 옥수수를 한입 크게 베어 물었다. 어느 해변에서 사든 신기할 정도로 달면서 알알이 톡톡 터지는 식감의 옥수수가 분명 고아를 떠올릴 때마다 그리울 것 같았다.

내가 옥수수를 들고 석양을 배경으로 춤추듯 빙그르르 도는 순간을 소남이 핸드폰을 꺼내 비디오로 담았다.

내가 소남에게 다가가 뒤꿈치를 들고 소남의 목에 팔을 두르니 소남이 내 손에서 옥수수를 받아들고 내가 온전히 자신에게 가까워지도록 만들었다. 그리고 남은 손으로 내 허리를 감쌌다. 소남이 말했다.

"우리에겐 시간이 많지 않잖아." 그렇게 말하고 소남이 내게 입을 맞췄다.

우리는 아람볼에서의 마지막 석양을 배경으로 가볍게 키스했다. 해변을 지나는 여러 사람 사이로 붉은 해를 역광으로 받는 우리가 서 있었다.

내가 소남에게 말했다. "한국으로 와. 기다리고 있을게." 소남이 여전히 내 입술을 바라보며 말했다. "거짓말 마. 나를 기다리지 않을 거잖아." "풉 맞아. 기다리지 않을 거야. 그래도 와." "나는 가끔 타투를 하고, 사실은 복싱 선수야." "오 이제야 말해주는 거야? 너와 잘 어울린다." "우리 언젠가 다시 만나." "응. 다시 만나. 그리고 조금 더 긴 시간을 갖자."

나는 소남의 품에서 벗어나 장난을 치듯 그의 곁을 돌았다. 소남이 그런 나를 바라보며 다정한 웃음을 지었다. 그렇게 여행의 마지막 노을이 지고 있었다.

바다로 들어가 파도가 오는
반대 방향으로 등을 돌리고 섰다.
어떤 파도가 내게 오는지 알지 못하도록
뒤돌아 서서 파도를 맞았다.

예상치 못한 파도가 나를 덮쳐
귀와 코에 물이 들어갔다.
생각보다 괴롭지 않은 것이
이미 지나간 파도여서
그런 것 같았다.

어떤 파도는 내 몸이 유연하게
움직였는지 가볍게 지나갔다.
작은 파도가 지나간 줄 알았으나
사실은 큰 파도였다.

뒤돌아서서 파도를 맞으니
파도가 오는 모습이 아닌
파도가 가는 모습이 보였다.

작은 게들이 구멍을 파고 모래를 뭉쳐 작은 알갱이로 만드는 것을 지켜보고 있다.

저 멀리서 새가 날갯짓만 해도 쏙 들어가 숨고, 내 그림자가 살짝만 움직여도 다시 쏙 들어가 숨는다. 이런 쫄보들.

우리 홍식이도 그랬다. 내가 성인이 된 후 처음으로 기른 반려동물 홍식이는 작은 햄스터였다. 얼마나 예민한지, 우리 가족의 작은 움직임과 작은 소리에도 화들짝 놀라며 자지러졌다. 해바라기씨를 주면 누가 뺏어 먹는 것도 아닌데 볼이 터질 만큼 볼 주머니에 집어넣었다.

본능이었다. 강자들 사이에서 살아남기 위해 자신을 지키려는 본능.

힘이 약한 생명들은 그렇게 무언가 하나씩 예민했다. 민첩하고, 눈치를 잘 살피고, 똑똑한 것과 상관없이 항상 바빠 보였다.

누군가가 그들에게 유연함을 가르쳐 줄 수 있을까. 그럼 그들은 그걸 알고 유연해질까. 아마 그런 말은 아무도 하지 않는 것이 좋을 것이다.

내가 근처 라이브 바에서 흘러나오는 컨트리 음악이 좋아 몸을 흔들다가 나도 모르게 온종일 게들이 만들어 놓은 구멍을 짓밟아 버렸다.

미안해. 몰랐어. 내가 너무 힘이 세서 그랬어. 기울여 보지 않으면 내 힘에 책임을 질 수 없겠다. 조심할게. 그러니까 이제 나와.

우리 같이 살자.

이번 인도 여행에서 처음으로
공항 라운지를 이용했다.
 카드가 있었지만 그동안의 여
행에서는 굳이 이용할 필요를
느끼지 못했었다.
 나보다 큰 배낭에 똥 자국 난
 신발을 신고, 세수 안 한 얼굴에
거지꼴을 하고 있자니 굳이,
 라운지에 들어가고 싶었다.

2. 어니? 왜 내게 묻느니

나는 이상하게 그런게 좋더라 거지 같은데 거지 아니고 거지 같은데 거지 아니고

INDIA.

책을 읽고있었다.

가는빛이 천셍으로 여행을 마쳤다.
그리 하늘에 돌아가 앞으로 수년동 더
가는빛이 천셍로 여행하려 한다.
슬픔이 많은 가는빛이.
화려하면서, 여행이다.

여행이 끝나고 난 뒤.

인천공항.
인도에서 걸었던 걸음으로 걸으니 모두가 나를 앞질러 간다.
누군가 나를 앞질러 가는 이 느낌이 너무 낯설다.
그동안 나는 한국에서 얼마나 빠른 걸음을 걸었나.

버스 정류장.
정확한 시간, 정확한 장소에 버스가 도착한다.
오차가 제거된 완벽한 시스템으로 맞물려 돈다.
무언가를 못 하고 실수하기가 힘들겠다는 생각이 든다.
나는 참 잘해야만 하는 나라에서 살고 있었구나.

집.
여행이 끝나자, 집에서 기다리고 있는 섬유 유연제와
매일 쓰던 향수와 넉넉한 바디로션 향속으로 폭 들어간다.
향에 얼굴을 비비적거리며 드디어 집에 왔구나 느낀다.
그런데 처음으로 이런 생각이 든다.
모든 향들이 너무 다 좋은가?, 주변의 냄새를 모두 다
덮을 만큼 향이 너무 강한가?, 양을 좀 줄여 보아야 하나.

Bye -

인도.

이 책에 언급된 대부분의 '색'은 '생명력'을 말한다.

당신의 삶에 펼쳐진 다채로운 색을 볼 수 있길 바라며.

정체되지 않은 생기로움

인 도 색 필 터

발행일 • 2020년 8월 30일
지은이 • 최혜지 | 그림과 사진 • 최혜지
펴낸곳 • 에노스 (Enosh)
등록 • 제 2019-000043호 (2018년 7월 3일)
주소 • 서울특별시 서대문구 연희로 5길 86
팩스 • 050-7701-3074
전자우편 • iiiy7goo@gmail.com
교정 • 심국보
인쇄 • 문성인쇄
ISBN 979-11-964444-4-0 03810

이 도서는 저작권법에 따라 보호받는 저작물이므로 무단 전재와 복제를 금합니다.
값은 뒤표지에 표시되어 있습니다.

❖이 도서는 중소벤처기업부와 소상공인시장진흥공단에서 추진, 전담하고 서울인쇄정보산업협동조합에서 주관하는 서울을지로인쇄소공인특화지원센터의 우수출판 콘텐츠 제작 지원사업에서 지원받아 제작되었습니다.

아테네 1, 2권

최혜지 지음 | 1권 262쪽 | 2권 300쪽 | 각 14,000원

여행에세이에 소설이 더해진 새로운 장르의 여행장면소설.

*" 세밀화처럼 그려놓은 장면 속, 청춘의 사랑과 여행.
여행을 사랑하는 사람에게 꼭 추천하는 소설. "*

 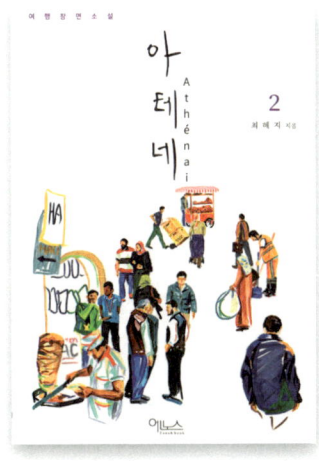

*온라인 할인 | 교보 | Yes24 | 알라딘